Johannes Lähnemann

LIEDPREDIGTEN

Mit Kunstwerken von Rika Unger

Helmut Seubert Verlag Nürnberg
1996

Titelbild:

Rika Unger: Osterengel (Bronze, 90 cm)
„Suchet ihn bei den Lebendigen und nicht bei den Toten"

Die Deutsche Bibliothek – CIP-Einheitsaufnahme

Lähnemann Johannes:
Liedpredigten / Johannes Lähnemann.
Mit Kunstwerken von Rika Unger. –
Nürnberg: Seubert, 1996

ISBN 3-926849-17-7

© Helmut Seubert Verlag
Alle Rechte vorbehalten.

Gesamtherstellung
Seubert Satz + Druck GmbH, Nürnberg
Printed in Germany

Inhaltsverzeichnis

Vorwort	1
Die güldne Sonne	3
Befiehl du deine Wege	11
Die Nacht ist vorgedrungen	20
Psalm 146 ("Hallelujah! Lobe den Herrn, meine Seele!")	27
Ach bleib mit deiner Gnade	34
Lob Gott getrost mit Singen	42
Geh aus, mein Herz, und suche Freud	49
Sollt ich meinem Gott nicht singen	58
Sonne der Gerechtigkeit	67
Jesu, meine Freude	75
Ich steh an deiner Krippen hier	83
Es kennt der Herr die Seinen	93
O Heiland, reiß die Himmel auf	101
Nun lob, mein Seel, den Herren	108
Wißt ihr noch, wie es geschehen	116
Ich lobe meinen Gott, der aus der Tiefe mich holt	122
Von guten Mächten wunderbar geborgen	130
Morgenglanz der Ewigkeit	139
Zur Künstlerin Rika Unger	147
Mitglieder des Posaunenchores Nürnberg-Zerzabelshof	148

Dem Posaunenchor der Evangelisch-Lutherischen
Auferstehungskirchengemeinde Nürnberg-Zerzabelshof
zum 50jährigen Jubiläum

Vorwort

Das neue Evangelische Gesangbuch ist eine Fundgrube alter und neuer Liedschätze. Vertraute wie neue Melodien und Texte können helfen, daß die Gottesdienste eine vielfältige Gestalt gewinnen, daß christlicher Glaube und christliche Frömmigkeit in Gesang und Musik lebendig werden.

Zu selten aber kommt in den Gottesdiensten der inhaltliche Reichtum der Lieder zur Geltung: ihre Auslegung der biblischen Botschaft, ihre Erhellung von Grundfragen menschlichen Lebens, ihre Bedeutung als Bekenntnisse des Glaubens, ihre Inspiration für christliches Handeln, ihr Trost und ihre Ermutigung für gute und schwere Tage.

Hier können die Liedpredigten Anregungen und Hilfen geben. Sie sind in Gottesdiensten gehalten worden, bei denen jeweils ein Lied des Gesangbuches in den Mittelpunkt gestellt wurde. Bibellesung, Gebet, musikalische und liturgische Gestaltung wurden darauf bezogen.
Der Zeitrahmen der Lieder reicht von der Reformationszeit bis zur Gegenwart. Einen besonderen Schwerpunkt bilden die Paul Gerhardt-Lieder.

Träger und Mitgestalter dieser Gottesdienste ist der Posaunenchor Nürnberg-Zerzabelshof, der 1996 sein 50jähriges Jubiläum feiert und mit mir die Tradition der "Bläsergottesdienste" aufgebaut hat. Seine Mitglieder haben jeden der Gottesdienste sorgfältig mit vorbedacht und vorbereitet und Anregungen für die Predigten gegeben. Ihnen allen, voran unserem langjährigen, stets einsatzbereiten Chorleiter Helmut Hörlbacher und Günter Schuhmann als dem unermüdlichen Organisator unserer Chorarbeit, sei besonderer Dank gesagt. Pfarrer Fridolin Förster - selbst Posaunenchormitglied - hat die Dialogpredigt zu "Es kennt der Herr die Seinen" mitgestaltet.
Dieses Buch könnte nicht erscheinen ohne die engagierte Hilfe meiner jungen Mitarbeiter Frank Dörfler und besonders Simone Schiffner-Imminger, die die Manuskripte satzfertig geschrieben hat. Ihr, Dr. Gerhard Lindner und meiner Sekretärin Gertraud Heckel danke ich auch für die nötigen Korrekturarbeiten.
Kritische und anregende Predigthörerinnen waren meine Schwiegermutter, Dr. Eleonore Dörner, und unsere Töchter Henrike, Charlotte und Luise, vor allem aber meine Frau Susanne. Sie war an der Entstehung aller Predigten beteiligt und hat sie mit vielen Ideen und Beispielen bereichert.

Mit der Künstlerin Rika Unger in Münster verbindet uns ein langer Weg gemeinsamen theologischen Nachdenkens und geistlichen Austausches über das "Sichtbarwerden" der christlichen Botschaft. Ihr danke ich herzlich für die Kunstwerke, die die Liedauslegungen in diesem Buch an wichtigen Stellen vertiefen und weiterführen.

Verlag und Druckerei Seubert haben geholfen, daß dieser Band so ansprechend erscheinen kann. Helmut und Hedi Seubert sei für alles Mitdenken und Mitgestalten ein besonderer Dank gesagt, unserer Kirchengemeinde für einen Druckkostenzuschuß.

Die Predigten sind in der Reihenfolge ihrer Entstehung abgedruckt. Datum und Name des Sonntags sind jeweils mit angegeben, damit die Bezüge zum Kirchenjahr und zu aktuellen Ereignissen verstanden werden können. Bis auf 2 Predigten (die eine im Hochschulgottesdienst an unserer Fakultät, die andere in der Evangelisch-Reformierten Kirche St. Martha in Nürnberg) sind sie alle in der Evangelisch-Lutherischen Auferstehungskirche in Nürnberg-Zerzabelshof gehalten worden. Den Predigthörerinnen und -hörern sage ich Dank für das vielfältige Predigtecho, das sie mir gegeben haben. Unter ihnen waren neben unseren Gemeindegliedern immer wieder auch Gäste aus der Nürnberger Gruppe der Weltkonferenz der Religionen für den Frieden - Christen verschiedener Bekenntnisse, Muslime, Buddhisten, Bahais, die diesem besonderen Erbe evangelischer Tradition große Wertschätzung entgegenbrachten.

Meine Hoffnung ist, daß die Liedpredigten vielen Leserinnen und Lesern gute Begleiter werden, um in unserem Gesangbuch neu auf Entdeckungsreise zu gehen, und daß sie Gemeinden und Posaunenchören Anregungen zu Bläser- und Kantatengottesdiensten geben, wie wir sie aus dem Gottesdienstleben unserer Gemeinde nicht mehr wegdenken möchten.

Nürnberg, im Juli 1996 Johannes Lähnemann

Die güldne Sonne voll Freud und Wonne

449

1 Die güld-ne Son-ne voll Freud und Won-ne
bringt un-sern Gren-zen mit ih-rem Glän-zen
ein herz-er-quik-ken-des, lieb-li-ches Licht.
Mein Haupt und Glie-der, die la-gen dar-nie-der;
a-ber nun steh ich, bin mun-ter und fröh-lich,
schau-e den Him-mel mit mei-nem Ge-sicht.

2 Mein Auge schauet, / was Gott gebauet / zu seinen Ehren / und uns zu lehren, / wie sein Vermögen sei mächtig und groß / und wo die Frommen / dann sollen hinkommen, / wann sie mit Frieden / von hinnen geschieden / aus dieser Erden vergänglichem Schoß.

3 Lasset uns singen, / dem Schöpfer bringen / Güter und Gaben; / was wir nur haben, / alles sei Gotte zum Opfer gesetzt! / Die besten Güter / sind unsre Gemüter; / dankbare Lieder / sind Weihrauch und Widder, / an welchen er sich am meisten ergötzt.

4 Abend und Morgen / sind seine Sorgen; / segnen und mehren, / Unglück verwehren / sind seine Werke und Taten allein. / Wenn wir uns legen, / so ist er zugegen; / wenn wir aufstehen, / so läßt er aufgehen / über uns seiner Barmherzigkeit Schein.

5 Ich hab erhoben / zu dir hoch droben / all meine Sinnen; / laß mein Beginnen / ohn allen Anstoß und glücklich ergehn. / Laster und Schande, / des Satanas Bande, / Fallen und Tücke / treib ferne zurücke; / laß mich auf deinen Geboten bestehn.

6 Laß mich mit Freuden / ohn alles Neiden / sehen den Segen, / den du wirst legen / in meines Bruders und Nähesten Haus. / Geiziges Brennen, / unchristliches Rennen / nach Gut mit Sünde, / das tilge geschwinde / von meinem Herzen und wirf es hinaus.

7 Menschliches Wesen, / was ist's gewesen? / In einer Stunde / geht es zugrunde, / sobald das Lüftlein / des Todes drein bläst. / Alles in allen / muß brechen und fallen, / Himmel und Erden / die müssen das werden, / was sie vor ihrer Erschaffung gewest.

8 Alles vergehet, / Gott aber stehet / ohn alles Wanken; / seine Gedanken, / sein Wort und Wille hat ewigen Grund. / Sein Heil und Gnaden, / die nehmen nicht Schaden, / heilen im Herzen / die tödlichen Schmerzen, / halten uns zeitlich und ewig gesund.

9 Gott, meine Krone, / vergib und schone, / laß meine Schulden / in Gnad und Hulden / aus deinen Augen sein abgewandt. / Sonsten regiere / mich, lenke und führe, / wie dir's gefället; / ich habe gestellet / alles in deine Beliebung und Hand.

10 Willst du mir geben, / womit mein Leben / ich kann ernähren, / so laß mich hören / allzeit im Herzen dies heilige Wort: / »Gott ist das Größte, / das Schönste und Beste, / Gott ist das Süßte / und Allergewißte, / aus allen Schätzen der edelste Hort.«

11 Willst du mich kränken, / mit Galle tränken, / und soll von Plagen / ich auch was tragen, / wohlan, so mach es, wie dir es beliebt. / Was gut und tüchtig, / was schädlich und nichtig / meinem Gebeine, / das weißt du alleine, / hast niemals keinen zu sehr noch betrübt.

12 Kreuz und Elende, / das nimmt ein Ende; / nach Meeresbrausen / und Windessausen / leuchtet der Sonnen gewünschtes Gesicht. / Freude die Fülle / und selige Stille / wird mich erwarten / im himmlischen Garten; / dahin sind meine Gedanken gericht'.

Text: Paul Gerhardt 1666
Melodie: Johann Georg Ebeling 1666

Predigt am Sonntag Rogate (27. Mai 1984)
über das Lied
"Die güldne Sonne"
von Paul Gerhardt (1666)
EG 449

Liebe Gemeinde! "Es ist, als ginge die Sonne auf, so oft der Name Paul Gerhardt in mein Gedächtnis tritt." Mit diesen Worten schildert der Dichter Rudolf Alexander Schröder seine Begegnung mit Paul Gerhardt.
Daß die Sonne aufgeht: Kann man sich ein schöneres Lob vorstellen für den Mann, der uns das Lied "Die güldne Sonne" geschenkt hat, das Lied, über das wir heute einmal besonders nachdenken wollen?
Was ist das für ein Mann, dem wir dieses und so viele andere unvergleichliche Lieder verdanken, den wir neben Luther den größten Liederdichter unserer Kirche nennen können?
So großartig und ergreifend seine Lieder sind - Lieder wie "Ich steh an deiner Krippen hier", wie "Befiehl du deine Wege", wie "Geh aus mein Herz", so bescheiden ist im Vergleich dazu sein Lebensweg: Groß geworden in den Notzeiten des 30jährigen Krieges, lange Jahre Hauslehrer, war er schließlich Pfarrer in der Mark Brandenburg und in Berlin. Hier sind die meisten seiner Lieder entstanden, die ihm auch Ansehen und Anerkennung einbrachten. Aber dann verzichtete er aus lutherischer Bekenntnistreue gegenüber seinem reformierten Landesherrn, dem Großen Kurfürsten, auf seine Berliner Pfarrstelle. Kurz danach starb seine Frau, und bei seinem Tod im Jahre 1676 überlebte ihn nur ein einziger Sohn.
Seine Lieder aber, entstanden aus dem Umgang mit seiner Gemeinde, sind ein einzigartiges Vermächtnis. Wir finden in ihnen Gotteslob und tiefe menschliche Weisheit, erwärmende Worte und eine großartige bildreiche Sprache. Bei aller Verwandtschaft mit der damaligen Literatur des Frühbarock wirkt seine Dichtung nie gekünstelt, sondern behält Klarheit und Eindrücklichkeit.
Immer wieder ist dabei die Sonne ein Leitmotiv wie in unserem Lied: die Sonne, die wir sehen - und die Sonne, die unsere Herzen hell macht.
Auch die 12-Zahl der Strophen in unserem Lied ist ein Symbol für den Sonnenkreis des Jahres, und im letzten Vers wird eben dieser Sonnengedanke vom Anfang des Liedes wieder aufgenommen.
Diesen 12 Strophen wollen wir nun folgen, wollen uns vom Dichter mitnehmen lassen, wie er vom Erlebnis eines Morgens, dem Erlebnis des Lichtes nach der Nacht hinführt zur Besinnung, zu tiefem Nachdenken über das Leben des Menschen

im Angesicht Gottes, wie er hinführt zu Lobpreis und zum Gebet. Die Strophen führen dabei nicht pfeilgerade auf das Ziel hin, sondern wie im Wellenschlag branden sie auf und ab. Jede Strophe ist zweiteilig aufgebaut, wobei die zweite Strophenhälfte den Gedanken aus der ersten Hälfte in eigener Weise fortführt. Die einzelnen Verse wiederum sind wie Glieder einer Kette, jede für sich besonders und doch mit den anderen verbunden.

V. 1 Gleich die Eröffnung nimmt uns in überwältigender Weise in einen strahlenden Sonnenmorgen mit hinein. Indem Paul Gerhardt immer zwei kurze Doppelreime einander folgen läßt, die dann in einer längeren dritten Zeile münden, erhalten seine Gedanken einen Schwung, dem man sich nicht entziehen kann:
Die güldne Sonne voll Freud und Wonne
bringt unsern Grenzen mit ihrem Glänzen
ein herzerquickendes, liebliches Licht.
Unser Blick wird unwillkürlich nach oben gezogen, wir werden gedrängt, aufwärts zu schauen, und von diesem Erlebnis, dieser neuen Warte aus blickt der Sänger zurück, wobei die Schlußzeile sich wieder mit der Schlußzeile der ersten Vershälfte reimt:
Mein Haupt und Glieder die lagen darnieder;
aber nun steh ich, bin munter und fröhlich,
schaue den Himmel mit meinem Gesicht.
Wer kennt diese Erfahrung nicht: daß nach einer Nacht voller Sorgen, voller Gedanken, die uns bedrängt haben, der Morgen wie ein unverdientes Geschenk aufleuchtet, wie eine Neugeburt: daß die Schatten zurücktreten und wir alles deutlicher, klarer sehen können.

V. 2 Paul Gerhardt aber bleibt nicht dabei stehen. Er geht auch nicht zum Tagesgeschäft über, sondern nimmt die Erfrischung des Morgens, um in der 2. Strophe seinen Blick wandern zu lassen in das Werk der Schöpfung Gottes. Das, was er sieht, läßt ihn staunen und läßt ihn seine Sinne auf den richten, der dies alles geschaffen hat, auf Gottes Macht und Gottes Vermögen. Und damit strebt der Blick noch höher, gleichsam hinter die Himmelkulisse zu jener Welt Gottes, vor der das, was wir sehen, nur ein schwacher Abglanz ist.

V. 3 Diese Betrachtung mündet in der 3. Strophe in einen Lobpreis Gottes, in den sich der Sänger mit all seinem Besitz und all seiner Kraft einbringt. Nachdenklich muß es uns machen, was Paul Gerhardt dabei als "die besten Güter" aufführt. Wer von uns würde hier nicht zuerst an sein Hab und Gut denken, an seinen Besitz, allenfalls noch an seine Gesundheit. Paul Gerhardt aber nennt unsere Gemüter als die besten Güter. Und er hebt damit in unser Bewußtsein, daß wichtiger als aller materielle Besitz, alles äußere Gut ein froher Gedanke ist, ein dankbares Herz. Wer kein helles Gemüt hat, wer kein dankbares Lied singen kann, dem muß letztlich aller sonstige Besitz zur Last, zum Ballast werden. Was aber Gott zum Opfer gesetzt wird an Gütern und Gaben, an frohem Gemüt und dankbaren Liedern, das gibt dem ganzen Leben eine Offenheit, eine Freude, die sich nicht im Haschen nach vordergründigem Genuß erschöpft.

V. 4 Nur aus diesem Geist heraus kann dann auch die 4. Strophe gesungen werden. Wieder dringt Sonnenglanz ein, diesmal am Ende der Strophe beschrieben als der Schein der Barmherzigkeit, den Gott aufgehen läßt. Die 1. Strophe wird neu aufgenommen, die Spannung des Tages von Abend und Morgen kommt in den Blick. Aber es steht jetzt nicht mehr ein bildlicher Ausdruck für Gott da, sondern es heißt jetzt direkt, daß **er** handelt, daß **er** sorgt:
segnen und mehren, Unglück verwehren
*sind **seine** Werke und Taten allein.*
Welch kühner Gedanke? Gegen all unsere Fragen und Zweifel wird hier ein Vertrauensbekenntnis gestellt, ein Bewußtsein der Nähe und Gegenwart Gottes, wie es uns heute oft ganz geschwunden zu sein scheint. - Wer wehrt denn dem Unglück, wenn Menschen Krieg machen, wer segnet und mehrt, wenn unsere Industriekultur Bäume und Pflanzen verkümmern, ganze Tierarten aussterben läßt?!
Und doch richtet Paul Gerhardt zu Recht unseren Blick auf den, dem wir Abend und Morgen, dem wir segnen und mehren verdanken: Erst wenn wir sehen, was alles da ist, ohne daß wir es haben schaffen können, was lebt und sich regt, ohne daß wir ein Verdienst daran haben, ja, daß unser Leben selbst ein tägliches Geschenk ist, können wir der Überheblichkeit bei uns und anderen begegnen, der Anmaßung, uns gleichsam an die Stelle des Schöpfers zu setzen und mit selbstherrlicher Ausbeutung der Güter dieser Erde die gesamte Schöpfung in Gefahr zu bringen.
Auch Paul Gerhardt hat bitter erfahren müssen, wie Unglück, Leid und Not über den Menschen kommen können. Not, Sünde und Tod sind keinem seiner Lieder fremd; er weiß von den "tödlichen Schmerzen", wie es in Vers 8 heißt. Paul Gerhardt begegnet diesen Fragen nicht philosophisch, sondern gläubig. Er nimmt das Evangelium Gottes ernst. Er sieht in Gott den Helfer, der aktiv gegen alle Mächte der Finsternis mit uns antritt, gegen

V. 5 *Laster und Schande, des Satanas Bande*, wie es in V. 5 heißt.
Hier jetzt, in der Mitte des Liedes, nachdem der Blick ganz auf das Handeln Gottes, auf seine Werke gerichtet war, wird zum Handeln des Menschen hingelenkt, das dem Sorgen und Bewahren Gottes entsprechen soll:
laß mich in deinen Geboten bestehn.

V. 6 Nur ein Gebot greift er heraus, und es ist eigenartigerweise das letzte der 10 Gebote: "Du sollst nicht begehren deines Nächsten Haus!" In Paul Gerhardts Sprache aber ist es nicht mehr ein Verbot, sondern ein Aufruf, sich zu freuen an dem Segen, den andere erfahren. Auch hier kehrt er eine Denkrichtung um, wie sie uns - seien wir ehrlich - immer wieder naheliegt: Wer möchte nicht das Schönere, das Bessere haben als der andere, wer von uns kennt nicht das "unchristliche Rennen", um mit den Symbolen des Wohlstands nur nicht hinter seinem Kollegen, seinem Mitschüler, seinem Nachbarn hinterherzuhinken. - Geiz und Neid aber sollen aus unserem Herzen entschwinden, die Augen sollen offen werden für das, was der Bruder und Nächste an Gutem erfährt. - Wie viel mehr Freundlichkeit und Gelassenheit gäbe es wohl unter uns, wenn diese Umkehr des Denkens wirklich bei uns um sich griffe?!

V. 7 Die 7. Strophe macht dann warnend deutlich, warum das "unchristliche Rennen nach Gut mit Sünde" so töricht ist. Paul Gerhardt erinnert uns daran, wie wenig sicher unser Leben ist, wie schnell uns das "Lüftlein des Todes" umblasen kann. Ja, er weiß, wie wenig selbstverständlich das Leben der Erde und auf der Erde überhaupt ist, wie es bedroht ist, besonders, wenn der Mensch seinen Auftrag verfehlt, für diese Schöpfung da zu sein. War für ihn das Grauen und die Verwüstung des 30jährigen Krieges noch nah, so wissen wir von ganz anderen Bedrohungen durch Massenvernichtung und Umweltkatastrophen, die wir trotz aller gewachsenen technischen Fähigkeiten nicht ausschalten können.

V. 8 Dem stellt Paul Gerhardt in V. 8 in knappen, eindrücklichen Worten Gottes Ewigkeit entgegen - eine Ewigkeit, die nicht angewiesen ist auf das Bestehen von Himmel und Erde, eine Ewigkeit, die Raum und Zeit umgreift, die fester gegründet ist als das Weltall mit seinen Milliarden Lichtjahren, - und doch eine Ewigkeit, die gleichwohl nicht vorbeigeht an unserem begrenzten Leben, die sich uns zuwendet, die Gottes unzerstörbares Heil in unsere Herzen pflanzen will.
Erkenntnis unserer Begrenztheit, und doch Leben aus dem Ewigen heraus - ich denke, das wäre ein Fundament, um nüchtern die Schritte zu tun, die wir als Abbild Gottes und als Verwalter seines Werkes füreinander und für alle Kreatur gehen müßten.

V. 9-11 Die Verse 9-11 sind dann erneut ein Gebet mitten im Lied. Vertrauensvoll wendet sich der Sänger an Gott, trägt alle Schicksalsmöglichkeiten, Höhen und Tiefen vor sein Angesicht. Die erste Bitte ist dabei die Bitte nach Vergebung und Schonung, nach Befreiung von der Schuld, an der wir alle immer wieder zu tragen haben. Wenn diese Befreiung da ist, dieses Getragensein von Gottes Liebe, dann erhalten alle Schicksalswege, alle Höhen und Tiefen das Maß, das ihnen zukommt.

Rika Unger: **Passions - Osterkreuz**
(Ev. Versöhnungskirche Münster/Westf.)

Auch hier lenkt Paul Gerhardt unseren Blick von dem, was unsere Gedanken gefangenhalten will, hin zu Gott. Welch kühne Worte gebraucht er hierfür in V. 10: Gott ist nicht etwas Nebulöses, Unheimliches, Unnahbares, sondern: das Größte, das Schönste, das Beste, ja das Süßeste und Allergewißte, aus allen Schätzen der edelste Hort!

In seine Hände wird auch ein trauriges, bitteres Geschick gelegt. Seiner Liebe wird auch das notvollste, schwächste Leben anheimgegeben. Ich gebe zu, daß ich den Vers 11 nicht leicht mitsingen kann, weil ich nicht weiß, welche Lasten mir wirklich tragbar sind, und weil ich Menschen kenne, deren Vertrauen und Glauben durch Schicksalsschläge in tiefe Hoffnungslosigkeit umgewandelt wurde.

Was Paul Gerhardt hier sieht, und was ihn seine eigenen Schicksalsschläge in bewundernswertem Gottvertrauen hat tragen lassen, ist der Weg, auf dem Gott selbst unserer Not entgegengekommen ist, so wie es Paul Gerhardt vom Kind in der Krippe singt: "Ich lag in tiefster Todesnacht, **du** warest meine Sonne..."! - Gott, der in Jesus die Sonne in der äußersten Verlassenheit am Kreuz hat aufgehen lassen, ist der Anker, der ihn hält, auch dann, als er seinen geliebten Wirkungskreis in Berlin verlassen muß, der ihn stützt, obwohl er seine Frau und vier seiner Kinder früh hingeben mußte. Noch aus seinem Testament kurz vor seinem Tode - 10 Jahre nach unserem Lied verfaßt - strahlt die gleiche Zuversicht, ja heitere Gelassenheit, die nur der haben kann, der sich nicht auf sein Vermögen, sondern auf Gottes Kraft gründet.

V. 12 Und so kann unser Lied, wie viele andere Lieder Paul Gerhardts, im Ausblick auf die himmlische Heimat münden, mit Worten, die vielen Christen zum Trost in Angst und Todesnot geworden sind und die noch einmal die Sonne hinter allen Wolken und Dunkelheiten aufgehen lassen:

Kreuz und Elende das nimmt ein Ende;
nach Meeresbrausen und Windessausen
leuchtet der Sonne gewünschtes Gesicht.
Freude die Fülle und selige Stille
hab ich zu warten im himmlischen Garten;
dahin sind meine Gedanken gericht'.
Amen.

Befiehl du deine Wege
Psalm 37,5

361

1

Be - fiehl du dei - ne We - ge und
der al - ler - treu - sten Pfle - ge des,

was dein Her - ze kränkt
der den Him - mel lenkt. Der Wol-ken, Luft und

Win - den gibt We-ge, Lauf und Bahn, der wird auch

We - ge fin - den, da dein Fuß ge - hen kann.

2 *Dem Herren* mußt du trauen, / wenn dir's soll wohlergehn; / auf sein Werk mußt du schauen, / wenn dein Werk soll bestehn. / Mit Sorgen und mit Grämen / und mit selbsteigner Pein / läßt Gott sich gar nichts nehmen, / es muß erbeten sein.

3 *Dein* ewge Treu und Gnade, / o Vater, weiß und sieht, / was gut sei oder schade / dem sterblichen Geblüt; / und was du dann erlesen, / das treibst du, starker Held, / und bringst zum Stand und Wesen, / was deinem Rat gefällt.

4 *Weg* hast du allerwegen, / an Mitteln fehlt dir's nicht; / dein Tun ist lauter Segen, / dein Gang ist lauter Licht; / dein Werk kann niemand hindern, / dein Arbeit darf nicht ruhn, / wenn du, was deinen Kindern / ersprießlich ist, willst tun.

5 *Und* ob gleich alle Teufel / hier wollten widerstehn, / so wird doch ohne Zweifel / Gott nicht zurücke gehn; / was er sich vorgenommen / und was er haben will, / das muß doch endlich kommen / zu seinem Zweck und Ziel.

6 *Hoff*, o du arme Seele, / hoff und sei unverzagt! / Gott wird dich aus der Höhle, / da dich der Kummer plagt, / mit großen Gnaden rücken; / erwarte nur die Zeit, / so wirst du schon erblicken / die Sonn der schönsten Freud.

7 *Auf*, auf, gib deinem Schmerze / und Sorgen gute Nacht, / laß fahren, was das Herze / betrübt und traurig macht; / bist du doch nicht Regente, / der alles führen soll, / Gott sitzt im Regimente / und führet alles wohl.

8 *Ihn*, ihn laß tun und walten, / er ist ein weiser Fürst / und wird sich so verhalten, / daß du dich wundern wirst, / wenn er, wie ihm gebühret, / mit wunderbarem Rat / das Werk hinausgeführet, / das dich bekümmert hat.

9 *Er* wird zwar eine Weile / mit seinem Trost verziehn / und tun an seinem Teile, / als hätt in seinem Sinn / er deiner sich begeben / und sollt'st du für und für / in Angst und Nöten schweben, / als frag er nichts nach dir.

10 *Wird's* aber sich befinden, / daß du ihm treu verbleibst, / so wird er dich entbinden, / da du's am mindsten glaubst; / er wird dein Herze lösen / von der so schweren Last, / die du zu keinem Bösen / bisher getragen hast.

11 *Wohl* dir, du Kind der Treue, / du hast und trägst davon / mit Ruhm und Dankgeschreie / den Sieg und Ehrenkron; / Gott gibt dir selbst die Palmen / in deine rechte Hand, / und du singst Freudenpsalmen / dem, der dein Leid gewandt.

12 *Mach End*, o Herr, mach Ende / mit aller unsrer Not; / stärk unsre Füß und Hände / und laß bis in den Tod / uns allzeit deiner Pflege / und Treu empfohlen sein, / so gehen unsre Wege / gewiß zum Himmel ein.

Text: Paul Gerhardt 1653
Melodie: Bartholomäus Gesius 1603; bei Georg Philipp Telemann 1730

Predigt am Sonntag Exaudi (19. Mai 1985)
zu dem Lied
"Befiehl du deine Wege"
von Paul Gerhardt (1653)
EG 361

Liebe Gemeinde! Es war im 2. Weltkrieg. Verdeckt von den anfänglichen kriegerischen Erfolgen des Hitler-Deutschland liefen in unserem Land selbst die ersten Vernichtungsfeldzüge. Dazu gehörte auch das Programm zur Ausmerzung des vermeintlich lebensunwerten Lebens, das beschönigend "Euthanasie" - "Gnadentod" - genannt wurde. - In Bethel, der Stadt vor den Toren Bielefelds, in der Epileptiker, geistig Behinderte und Nichtseßhafte mit gesunden Menschen zusammenleben, geht die Angst um. Pastor Braune in Berlin hat systematisch alle Beweise für den geheimgehaltenen Mord gesammelt und ist mit Pastor Fritz von Bodelschwingh, dem damaligen Leiter von Bethel, immer wieder vorstellig geworden beim Justizminister und anderen Berliner Instanzen, bis hin zu Dr. Brandt, dem Leibarzt Hitlers, um auf die Unrechtmäßigkeit und Unmenschlichkeit des Vorgehens aufmerksam zu machen.
Da erfährt Pastor von Bodelschwingh eines Tages, daß trotz all ihrer Bemühungen eine Ärztekommission in Bethel eingetroffen ist, die die "Lebensunwerten" aussortieren und den Vernichtungslagern zuführen soll. Fritz von Bodelschwingh ist tief deprimiert; denn Dr. Brandt hatte ihm zugesagt, daß diese Kommission nicht ohne seinen eigenen vorherigen Besuch in Bethel ihre Arbeit aufnehmen würde
In diese Verzweiflung von Pastor Fritz hinein klingt auf einmal die rauhe Stimme eines Kranken. Es ist Günter, ein mehrfach behinderter junger Mann, der in Bethel neues Leben und Selbstvertrauen gefunden hat. Er singt ihm wie auch an jedem anderen Morgen im Garten einen Choral; und heute singt er das Lied: *Befiehl du deine Wege und was dein Herze kränkt der allertreusten Pflege des, der den Himmel lenkt.*
Pastor Fritz hört die Worte und die Melodie und schöpft - gegen allen Augenschein - neuen Mut. Und als Dr Brandt an diesem Tage doch noch kommt, spricht er drei Stunden lang auf das eindringlichste mit ihm, wie selbst das schwächste Leben auf Liebe und Zuwendung antwortet, bis er schließlich die Welle der Euthanasie vor Bethel zum Halten gebracht hat.
Diese Geschichte ist eines von vielen Beispielen dafür, daß das Lied "Befiehl du deine Wege" Kraft, Trost und Mut zugesprochen hat, freilich ein besonders eindrucksvolles.

Was steckt in diesem Lied? Was macht seine Besonderheit aus, daß es in einer solchen Situation zum Halt, zum Rettungsanker werden kann? Daß es von ungezählten Menschen in Angst und Todesnot, aber auch im alltäglichen Leben gebetet und meditiert wird?

Es ist wohl dies, daß das Lied selbst eine einzigartige Meditation ist, ja eine ganze Predigt - einer der größten Schätze unseres Gesangbuches, ja des christlichen Lebens überhaupt.

Eine Predigt ist das Lied deshalb, weil es selbst einen Predigttext hat, einen Leitvers, den es aufgreift und auslegt. In unseren Gesangbüchern kann man das leicht erkennen, weil das erste Wort jeder Strophe im Druck hervorgehoben ist. Wenn wir diese Worte nacheinander lesen, ergibt sich daraus ein Vers, ein Satz aus dem 37. Psalm:

Befiehl dem Herrn deine Wege und hoffe auf ihn; er wird's wohl machen!

Dieser Vers ist in Paul Gerhardts Leben eingedrungen. Er hat ihn vernommen, hat ihn durchdacht, ihn durch und durch meditiert, und so wird jedes einzelne Wort dieses Satzes zu einem Aufruf, zu einer Erleuchtung, in der sich eine tiefe Lebenserfahrung mit Gott ausspricht.

Paul Gerhardt ist 46 Jahre alt, als er dieses Lied drucken läßt. 11 Jahre alt war er, als der schreckliche 30jährige Krieg ausbrach, 41 Jahre, als er zu Ende ging, und 44 Jahre, als er seine erste Pfarrstelle antreten konnte. Wenn im Lied von Schmerzen und Sorgen, von Ängsten und Nöten gesprochen wird, dann weiß Paul Gerhardt, wovon er redet.

Paul Gerhardt hat den Psalmvers in drei Abschnitte gegliedert. Zu jedem Abschnitt gehören vier Strophen, und in eben diesen Abschnitten singen wir das Lied auch in unserem Gottesdienst. - Die ersten beiden Abschnitte enthalten einen Aufruf, eine Aufforderung: "Befiehl dem Herrn deine Wege" ist die erste, "und hoffe auf ihn" die zweite. An dritter Stelle folgt dann eine Zusage, eine Verheißung: "Er wird's wohl machen!" Die beiden Aufforderungen führen hin, leiten hin zu der Zusage, die gewichtig und mit einer unerhörten Gewißheit am Schluß steht.

In jedem der drei Abschnitte kann man nun beobachten, daß es insgesamt vier Blickrichtungen gibt, die Paul Gerhardt verfolgt.

Er blickt einmal auf die **Lage des Menschen**, auf seine Situation, auf seine Not, auf das, was das Herze kränkt, wie es in der ersten Strophe heißt. Er blickt sodann auf das, **was der Mensch tun soll**, wie es uns beispielhaft in der zweiten Strophe gezeigt wird:

Dem Herren mußt du trauen, wenn dirs soll wohlergehn; auf sein Werk mußt du schauen, wenn dein Werk soll bestehn. Es ist weiterhin vom **Tun Gottes** die Rede, von seiner Mühe, seinem Einsatz für die Menschen, wie wir es in der

dritten Strophe entdecken können:
Dein ewge Treu und Gnade, ob Vater, weiß und sieht, was gut sei oder schade dem sterblichen Geblüt.... Und schließlich wird **Gottes Wesen**, Gottes Sein, Gottes Zuverlässigkeit ins Auge gefaßt, wie es in der vierten Strophe geschildert wird: *Weg hast du allerwegen, an Mitteln fehlt dirs nicht; dein Tun ist lauter Segen, dein Gang ist lauter Licht....*
Diese vier Schritte - der Blick auf die Situation des Menschen, auf das Tun des Menschen, auf das Handeln Gottes und schließlich auf das Wesen Gottes - kehren in allen drei Liedabschnitten wieder. Und doch gibt es zwischen diesen vier Blickrichtungen einen auffallenden Unterschied, ein ganz eigentümliches Ungleichgewicht: Man gewinnt den Eindruck, daß die menschliche Situation, die menschliche Not nur ganz kurz benannt, nur wie im Vorübergehen gestreift wird, und daß sich der Liederdichter immer wieder schnell dem Tun Gottes, seinen Wegen und seinen Vorhaben, seiner Größe und seiner Verläßlichkeit zuwendet. - Der Dichter kennt die Not; er weiß von ihr; aber es scheint ihm ungleich wichtiger, über Gott nachzudenken, als die menschliche Not auszumalen; die Not wird überstrahlt und überwunden durch die Wirklichkeit Gottes, und deshalb lenkt Paul Gerhardt den Blick immer wieder auf sie, zu ihr hin.
Und damit wird das Lied zu einer Herausforderung, zu einer Frage an uns: Denn widerspricht es damit nicht unserer Neigung, wie gebannt nur auf Bedrohliches zu schauen? Sicher will Paul Gerhardt nicht beschönigen, was es an menschlicher Not gibt; aber das Fixiert-sein auf das Negative, das Sich-gefallen im Pessimismus, das ununterbrochene Sorgen und Grämen, das will er uns austreiben, indem er unsere Gedanken hinlenkt zu dem, was Gott tut.
In diese Bewegung nimmt er nun den ganzen Psalmvers hinein, jedes einzelne Wort muß dem folgen: Er entfaltet es, läßt es aufblühen, aufleuchten zu Bildern und Gedanken, die weiterhelfen, die aufrichten.

V. 1 *Befiehl du deine Wege und was dein Herze kränkt der allertreusten Pflege des, der den Himmel lenkt.* - Es ist ein eigentümliches Befehlen, zu dem hier aufgerufen wird: kein machtvolles Anordnen, sondern ein Sich-anbefehlen, sich Gott anvertrauen mit allem, was das Herze kränkt, was die Seele verwundet, was das Gemüt bedrückt. Paul Gerhardt verweilt nicht bei irgendwelchen vorläufigen Tröstern oder Vertröstungen, sondern er verweist auf dem höchsten, den himmlischen Trost, zu dem hin, der den Himmel lenkt - und wir dürfen heute sagen: Der das Weltall in seiner Hand hat mit seinen unendlichen Weiten, seinen Milchstraßen und Sternensystemen, der ist sich nicht zu groß für ein gekränktes Herz, der will den Füßen eines jeden von uns den Weg bahnen.

V. 2 Ihm sollen wir trauen, auf sein Werk sollen wir schauen, wie es in der 2. Strophe heißt. Das ist das menschliche Tun, auf das es ankommt. Gottes Werk aber ist nichts anderes als die Liebe, die er in Jesus unter uns hat aufleuchten lassen, das ist die Hingabe, mit der Jesus Krankheit und Not geheilt, Feindschaft und Haß überwunden und selbst am Kreuz dafür geblutet hat.

In den Versen 3 und 4 erleben wir dann wieder die eigentümliche Verwandlung. Heißt es im Psalmwort "Befiehl dem Herrn deine Wege", und sind mit "deine Wege" die Wege des Menschen gemeint, so spricht Paul Gerhardt hier nur noch vom Weg Gottes, von seiner Treue, seiner Kraft, seinem Wesen, seiner Verläßlichkeit!

V. 3 Gottes Treue und Gnade, die die dritte Strophe beschreibt, sind ewig, so wie Jesu Liebe Gottes ewige Liebe unter uns anschaulich gemacht hat. Der Weg Jesu ist Gottes ewiger Weg, seine Stärke ist, daß er in aller menschlichen Schwachheit seine Liebe immer wieder anfangen läßt.

V. 4 Und so mündet der erste Liedteil in der 4. Strophe in ein Staunen hinein, ein Staunen über Gottes Wege, dessen Tun lauter Segen, dessen Gang lauter Licht ist. Den Mächtigen der Erde möchte man sagen, was Paul Gerhardt hier hervorhebt: daß Gottes Werk nicht gehindert, seine Arbeit nicht ruhen darf, wenn das, was den Menschen guttut und Heil bringt, geschehen und wirksam werden soll.

Es folgt der zweite Strophenkreis: *Und hoff auf ihn!* heißt der Aufruf. Die Hoffnung tritt in die Mitte des Blickfeldes:

V. 5 Sie widersteht allen Teufeln, von denen in Vers 5 die Rede ist und die sich Gott in den Weg legen wollen. Sie läßt sich nicht beirren durch all die Teufelsmächte, die sich um uns breit machen wollen: seien es nun teuflische Ideen und Machthaber wie die, die krankes Leben als lebensunwert ausmerzen wollten, seien es die vermeintlichen Sachzwänge, die zu immer mehr Vernichtungswaffen und zu immer mehr Ausbeutung unserer Natur führen. Seien es die Verlockungen für uns selbst, im Rennen nach Einfluß und Reichtum und gleichzeitig damit im Sorgen und Grämen aufzugehen und darüber alles andere zu vergessen, vor allem die, die unsere Liebe und unsere stützende Hand brauchen.

V. 6 Hoffnung, so heißt es in Vers 6, das ist der Blick aus der dunklen Höhle, in der uns der Kummer plagt, in das Licht, in die Sonne.

V. 7 Und so wird der 7. Vers zum Aufruf, zur Aufforderung:
*Auf, auf, gib deinem Schmerze und Sorgen gute Nacht,
laß fahren, was das Herze betrübt und traurig macht....*
Hoffnung, das heißt: Aufspringen, Schmerzen und Sorgen in der dunklen Höhle zurücklassen, ihnen gute Nacht sagen, und statt dessen auf Gott blicken, ihn walten lassen. Denn er sitzt im Regimente - und nicht wir; er ist der Schöpfer - und nicht wir; er ist der Heiland - und nicht wir.
Es ist heilsam, das zu wissen, sich das sagen zu lassen.

V. 8 *Ihn, ihn laß tun und walten.* Wie der 7. Vers, so hat auch der 8. die eindringliche Verdoppelung des Wortes am Anfang, und wie am Ende der ersten vier Strophen, so steht auch hier das Staunen, das Wundern über Gottes Tun am Schluß. Der Blick auf Ihn schenkt Hoffnung und Geduld, Geduld und einen langen Atem, und das sind die stärksten Waffen gegen alle Resignation und alles Verzagen, gegen Angst und Sorgen, die überhand nehmen wollen.

Getragen aber wird die Hoffnung von der Zusagen, von der Verheißung, mit der der Psalmvers gewichtig abschließt:
Er wird's wohl machen!
Paul Gerhardt geht mit diesen Worten noch einmal den ganzen Weg von tiefster menschlicher Not bis hin zur endgültigen Erlösung durch.

V. 9 Er beginnt in Vers 9 mit einem nüchternen Blick auf die Erfahrung, daß Gott ferne erscheinen kann, daß er unsichtbar bleibt, verborgen, als fragte er nicht nach Angst und Nöten:
Er wird zwar eine Weile mit seinem Trost verziehn und tun an seinem Teile, als hätt in seinem Sinn er deiner sich begeben und sollst du für und für in Angst und Nöten schweben, als frag er nichts nach dir.
So nüchtern das hier gesehen wird, so wenig sollen wir daran vorbeisehen, wenn Menschen sich von Gott verlassen fühlen, wenn ein Schicksalsschlag sie sprachlos gemacht hat, wenn ihnen das Böse in Person begegnet ist. Mitten im Evangelium stehen ja Jesu eigene Worte am Kreuz: "Mein Gott, mein Gott, warum hast du mich verlassen?"

V. 10 Aber so wie Gott in Jesus den Anfang der Auferstehung gesetzt hat, so kann uns - auch wenn wir nur noch nach Gott rufen und klagen können - eine Auferstehung geschenkt werden, eine Lösung von unserer Last - und das oft gerade da, wo alles zu Ende zu sein scheint. So wie der kranke junge Mann in Bethel das "Befiehl du deine Wege" nur noch der vollkommenen Verzweiflung

entgegensingen konnte, so erlebt das treue Gebet, das Offenbleiben für Gott immer wieder ein Wunder, wie es in Vers 10 heißt:
Wirds aber sich befinden, daß du ihm treu verbleibst, so wird er dich entbinden, da du's am mindsten gläubst; er wird dein Herze lösen von der so schweren Last, die du zu keinem Bösen bisher getragen hast.

Und nun, in den beiden letzten Strophen, trennt Paul Gerhardt nicht mehr scharf voneinander: ob die Erlösung schon hier, im Irdischen, aufscheint, oder ob sie erst ganz am Ende, bei Gott selbst, in seinem Reich erfahren wird. Er richtet den Blick dorthin, wo es nur noch Freudenpsalmen gibt, wie es in **Vers 11** heißt, aber er läßt von dort den Glanz der Ewigkeit in unsere Gegenwart hineinleuchten.

V. 12 Und dann die letzte, die **12.**, die Zielstrophe unseres Liedes. Hier mündet das Nachdenken, die Predigt, die das Lied darstellt, in ein Gebet:
Mach End, o Herr, mach Ende mit aller unsrer Not;
stärk unsre Füß und Hände und laß bis in den Tod
uns allzeit deiner Pflege und Treu empfohlen sein,
so gehen unsre Wege gewiß zum Himmel ein.
"Mach End" d.h.: Was Gott tut, das führt zu einem Ende, zu einem Ziel, und dann bleibt alle Not zurück. Für den Weg dorthin aber bitten wir ihn, daß unsere Füße, die in Angst schwach werden, und unsere Hände, die in der Not zu zittern beginnen, stark werden, so daß wir feste Schritte gehen und anderen fest die Hand reichen können.
Hier schließt sich der Bogen vom Anfang des Liedes: Wer sich dem anbefohlen hat, der den Himmel lenkt, dessen Wege gehen gewiß zum Himmel ein.
Von der Treue Gottes umkleidet, mit dem Himmel als Hoffnung und Ziel werden wir mutig ausschreiten können.
Wie schön, wenn dann die Zuversicht und der aufrechte Blick, die wir nicht aus uns selbst haben, die uns vielmehr Gott gegen alle unsere Not schenkt, ausstrahlen auf andere. Wie schön, wenn dann der Schatz, der in diesem Lied steckt, nicht verborgen bleibt, sondern von uns hinausgetragen wird aus der Tür unserer Kirche zu denen, denen wir heute und morgen begegnen, mit denen wir leben und arbeiten und die Gott - durch uns - mit seiner Liebe erreichen will.
Amen.

Unser Vater im Himmel, Vater unseres Herrn Jesus Christus.
Wir bitten dich mit den Worten des Liedes, das wir eben gesungen haben:
"Mach End, o Herr, mach Ende mit aller unserer Not".
Mach auch ein Ende mit der Not der anderen:
mit der Not der Hungernden, mit der Not der Verfolgten,
mit der Not der Unterdrückten, mit der Not derer, die an einem kranken Herzen leiden.
Mach End, o Herr, mit der Not des Todes, mit der Not der Hoffnungslosigkeit.
Mach End, o Herr, mit der Not deiner leidenden Schöpfung, mit der Not kranker Bäume und sterbender Tiere.
Mach End, o Herr, mit der Not des Wettrüstens und mit der Not der Kriege im Libanon und am Golf.
Mach End, o Herr, auch mit unserer Lieblosigkeit und Unaufmerksamkeit im Umgang miteinander.
Stärk du unsere Füße, damit wir uns einsetzen gegen die Nöte, in denen sich andere, Brüder und Schwestern, befinden; daß wir nicht stehenbleiben, sondern zu ihnen hingehen, daß wir Wege finden, ihnen beizustehen.
Stärk unsere Hände, daß wir mit anfassen und zugreifen, wo helfende Hände fehlen.
Hilf uns in unserem eigenen Leben, daß wir in Nöten nicht allein bleiben und daß wir immer wieder aus der Höhle, in der uns Kummer und Sorgen plagen, hinausgeführt werden in deine Sonne, die du uns in Jesus hast aufleuchten lassen und die du uns am Ziel unseres Lebens in voller Schönheit zeigen willst.

Die Nacht ist vorgedrungen

1. Die Nacht ist vor-ge-drun-gen, der Tag ist nicht mehr fern. So sei nun Lob ge-sun-gen dem hel-len Mor-gen-stern! Auch wer zur Nacht ge-wei-net, der stim-me froh mit ein. Der Mor-gen-stern be-schei-net auch dei-ne Angst und Pein.

2. Dem alle Engel dienen, / wird nun ein Kind und Knecht. / Gott selber ist erschienen / zur Sühne für sein Recht. / Wer schuldig ist auf Erden, / verhüll nicht mehr sein Haupt. / Er soll errettet werden, / wenn er dem Kinde glaubt.

3. Die Nacht ist schon im Schwinden, / macht euch zum Stalle auf! / Ihr sollt das Heil dort finden, / das aller Zeiten Lauf / von Anfang an verkündet, / seit eure Schuld geschah. / Nun hat sich euch verbündet, / den Gott selbst ausersah.

4. Noch manche Nacht wird fallen / auf Menschenleid und -schuld. / Doch wandert nun mit allen / der Stern der Gotteshuld. / Beglänzt von seinem Lichte, / hält euch kein Dunkel mehr, / von Gottes Angesichte / kam euch die Rettung her.

5. Gott will im Dunkel wohnen* / und hat es doch erhellt. / Als wollte er belohnen, / so richtet er die Welt. / Der sich den Erdkreis baute, / der läßt den Sünder nicht. / Wer hier dem Sohn vertraute, / kommt dort aus dem Gericht.   *1. Könige 8,12

Text: Jochen Klepper 1938
Melodie: Johannes Petzold 1939

"Die Mitte der Nacht ist der Anfang des Tages" -
Hochschulgottesdienst in der Erziehungswissenschaftlichen Fakultät der
Universität Erlangen-Nürnberg (10. Dezember 1985)
zu dem Lied
"Die Nacht ist vorgedrungen"
von Jochen Klepper (1938)
EG 16

"Die Mitte der Nacht ist der Anfang des Tages" - das ist das Motto für diesen Gottesdienst.
Wir wollen mit ihm ernstnehmen, daß es auch in dieser Zeit, in der viele von uns sich so betriebsam auf das "Fest des Lichtes" vorbereiten, für andere Menschen nur die Dunkelheit der Nacht gibt: die Dunkelheit von Gefängnissen, das Leiden an einer dauernd schmerzhaften Behinderung, die Finsternis seelischer Ängste, die Ausweglosigkeit wirtschaftlicher Not - oder auch das Überfordertsein von Studium und Beruf.

Daß die Mitte der Nacht der Anfang des Tages ist, scheint vordergründig vielleicht eine zu banale Wahrheit zu sein; man könnte sie als ein vorschnelles "Kopf hoch, es wird schon wieder werden" interpretieren.
Aber eben dies ist mit unserem Motto nicht gemeint, sondern daß der neue Tag für einen Christen zentraler, tiefer ansetzt und daß mit ihm die Erfahrung der Dunkelheit, der Not und der Angst nicht beschönigt wird.

Wir wollen uns dazu heute als Leitfaden das Lied "Die Nacht ist vorgedrungen" von Jochen Klepper nehmen. Es ist sicher das am häufigsten und am intensivsten gesungene Adventslied aus unserem Jahrhundert. Und doch singen wir es oft nur zu leicht hin, ohne seinen einzelnen, gewichtigen Versen und Wendungen wirklich "nach-zu-denken" und zu folgen.

Dies aber möchten wir heute mit Ihnen unternehmen. Wir wollen je eine Strophe singen und dann versuchen, ihren Sinn ein Stück weit zu erschließen und ihn auf unser Leben zu beziehen. Auch dann werden wir dieses Lied nicht ganz erschöpfen können. Ein Mitglied aus unserem Vorbereitungskreis meinte, man könne wenigstens ein ganzes Semester darüber arbeiten. Aber vielleicht ist dieser Gottesdienst auch für Sie ein Anfang, mit den Worten dieses Liedes weiterzudenken, zu singen und zu beten.

V. 1 *Die Nacht ist vorgedrungen, der Tag ist nicht mehr fern.*
So sein nun Lob gesungen dem hellen Morgenstern.
Auch wer zur Nacht geweinet, der stimme froh mit ein.
Der Morgenstern bescheinet auch deine Angst und Pein.
"Die Nacht ist vorgedrungen, der Tag ist nicht mehr fern."
Das Bild der vergehenden Nacht, des neu anbrechenden Tages ist das Bild des Advent: der Zeit der Erwartung, der Zeit der Vorbereitung auf das Neue, das kommt.
Der Tag kündigt sich an mit dem Licht, mit dem Morgenstern, der hell aufstrahlt. Das Licht fällt hinein in das Dunkel: "Auch wer zur Nacht geweinet, der stimme froh mit ein". Das Dunkel eines jeden, der zur Nacht weint, soll nicht dunkel bleiben, über der Angst und Pein soll es hell aufstrahlen.

Wer ist der Dichter dieses Liedes mit seinen ungeheuer starken, aussagekräftigen Bildern? Und welche Erfahrung verbirgt sich hinter diesen Zeilen?
Unter unserem Liedtext steht der Name: Jochen Klepper und eine Jahreszahl: 1938. Name und Jahreszahl verbinden sich zu einem besonderen, uns heute noch bewegenden Lebensschicksal: Jochen Klepper war zum Ende der 30er Jahre unseres Jahrhunderts der vielleicht bekannteste jüngere evangelische Dichter in Deutschland. - Im Jahr vor unserem Lied war sein großer biographischer Roman "Der Vater" erschienen, das Buch über den "Soldatenkönig", den Vater Friedrichs des Großen, ein Buch, das in seinen Grundzügen eine scharfe Kritik an der Herrschaftsideologie des Nationalsozialismus und seiner Vergötzung der Führerschaft enthielt.
Hinzu kommt: Jochen Klepper ist mit einer - zuvor geschiedenen - jüdischen Frau verheiratet, die zwei Töchter mit in die Ehe brachte. Schon 1933 hatte man ihm nahegelegt, sich doch scheiden zu lassen. Von der Kirche, die in der Judenfrage weiterhin kaum entschieden auftrat, konnte er keine durchgreifende Unterstützung erwarten. Die zunehmende Judenfeindlichkeit bekommen er und seine Familie immer stärker zu spüren, ja, sie werden später so in die Verzweiflung getrieben, daß sie am Ende keinen Ausweg mehr sehen, als gemeinsam in den Tod zu gehen.

"Auch wer zur Nacht geweinet" ... - Jochen Klepper weiß, wovon er schreibt, wenn er diese Worte wählt. Er steht an der Seite aller derer, die zur Nacht weinen, die in Angst, in Not, in Verzweiflung leben.

Wie aber kann er in dieser Situation zu dem Aufruf kommen: "Auch wer zur Nacht geweinet, der stimme froh mit ein"? Was ist für ihn der "Morgenstern", der auch seine Angst und Pein bescheint und aufhellt, ja, von dem er überzeugt ist, daß er die Angst und Pein eines jeden beleuchtet, der dieses Lied singt? Das entfaltet Jochen Klepper in den weiteren Strophen des Liedes, die er damals, an einem Samstag vor dem vierten Advent, entworfen hat.

V. 2 *Dem alle Engel dienen, wird nun ein Kind und Knecht.*
Gott selber ist erschienen zur Sühne für sein Recht.
Wer schuldig ist auf Erden, verhüll nicht mehr sein Haupt.
Er soll errettet werden, wenn er dem Kinde glaubt.
In dieser Strophe stellt uns Jochen Klepper große, ja eigentlich unvereinbare Gegensätze vor Augen. Da ist einerseits eine Niedrigkeitslinie: von einem Kind, von einem Knecht, von Sühne und Schuld ist die Rede
Und auf der anderen Seite wird behauptet, daß Gott selbst es ist, der diesen Niedrigkeitsweg geht, daß der, dem die Engel dienen, ein Kind und Knecht wird. - Und diesem Kinde soll man glauben, um errettet zu werden! Ist es nicht eine Illusion, einem Kinde glauben zu wollen? Ist es nicht eine Illusion, in der Niedrigkeit Gott zu entdecken? - Hat nicht gerade Jochen Klepper erfahren müssen, wo die Macht sitzt, und wie sie sich an den Schwachen, den Hilflosen, den vermeintlich Lebensunwerten vergreift?
Wie soll da die Rede von der Schwachheit eine Hilfe, ein Trost sein?
Schwach und unscheinbar allerdings war das Leben Jesu, jedenfalls, wenn man es historisch betrachtet: Seine Geburt liegt letztlich im Dunkeln - irgendwo ganz am Rande des mächtigen römischen Weltreiches. Den kargen historischen Daten nach, die wir haben, ist er ein Wanderprediger, ein jüdischer Rabbi, der das Reich Gottes erwartet, der nur eine kleine, unbedeutende Anhängerschaft hat. Historisch gesehen endet er am Kreuz, stirbt den Tod, den damals vor allem verurteilte Sklaven erleiden mußten.

Die Perspektive aber, aus der Jochen Klepper heraus diesen Vers schreibt, ist die, daß dieser Tod nicht das Ende war, sondern daß es für die Jünger ein Ostern gab, einen unerwarteten Neuanfang, einen neuen Tag nach der Nacht, - daß der gekreuzigte Jesus sich als ihr lebendiger Herr erwiesen hat, daß Gott selbst in ihm seine Kraft, seinen Sieg über den Tod gezeigt hat.
Dann aber muß der ganze Weg Jesu, dieser ganz menschliche, irdische Weg schon unter dem Vorzeichen von Gottes Liebe, Gottes Hinwendung zu den Menschen, von seinem Hineinkommen in unsere Not geprägt sein. Dann ist die so ganz im historischen Dunkel liegende Geburt Jesu die Ankunft des Heils, die Ankunft der Rettung, das Aufleuchten des Morgensterns.

Rika Unger: **gekröntes haupt**
liebend handeln
handelnd leiden
leidend handeln
liebend wandeln
sterbend auferstehen

Und so kann Klepper sagen, daß der Herr aller Dinge ein Knecht wird, daß der, dem allein das Gericht über die Menschen zusteht, sich auf die Seite des Sünders stellt. So kann er sagen, daß der, der in Schuld und Verfehlung verstrickt ist, sich nicht mehr zu verstecken braucht, sich nicht mehr als verstoßen ansehen muß; er braucht nicht mehr zu verzweifeln, wenn er sich an die Seite Jesu stellt, wenn er sich Gott anvertraut, Gott, der die Schwachheit und Verletzlichkeit eines Kindes angenommen hat.

V. 3 *Die Nacht ist schon im Schwinden, macht euch zum Stalle auf!*
Ihr sollt das Heil dort finden, das aller Zeiten Lauf
von Anfang an verkündet, seit eure Schuld geschah.
Nun hat sich euch verbündet, den Gott selbst ausersah.
Die Blickrichtung der dritten Strophe ist nicht weniger außergewöhnlich als die der vorigen: Wir sollen uns aufmachen zum Stall, dem Ort der Tiere, dem Ort, den Menschen allenfalls als Flüchtlings-, als Notquartier aufsuchen. Und Jochen Klepper, für den es praktisch keine Zuflucht gab vor dem Unrechtsregime der Nationalsozialisten, verweist auf dieses Symbol einer ärmlichen und menschenunwürdigen Behausung. Ja, was noch unerhörter ist: Dieser Ort wird - im Lichte der Osterbotschaft - zum Mittelpunkt der Geschichte! Hier ereignet sich das Heil, das Gott seit Anfang der Zeiten für uns im Sinn trägt.
Und daß wir uns "aufmachen" sollen heißt: Wir sollen nicht verharren in der Dunkelheit, nicht fixiert sein auf Schuld und Verlorenheit, darauf, daß unsere Gedanken nur um uns selbst kreisen, sondern wir sollen Schritte tun hin auf das Licht, das an diesem unscheinbaren Ort aufleuchtet, dorthin gehen, wo wir den finden, den Gott dazu ausersehen hat, den Tod und alle Schuld zu überwinden.

V. 4 *Noch manche Nacht wird fallen auf Menschenleid und Schuld.*
Doch wandert nun mit allen der Stern der Gottesbuld.
Beglänzt von seinem Lichte hält euch kein Dunkel mehr.
Von Gottes Angesichte kam euch die Rettung her.
Die 4. Strophe richtet den Blick in die Zukunft. Sie zeigt, daß Jochen Klepper nichts beschönigen will, daß solange unsere irdische Geschichte währt, Menschenleid und -schuld nicht aufhören. Für Klepper steckt darin auch gewiß eine Vorahnung des Leides und der Schuld, die der Nationalsozialismus und der Krieg noch über die Völker Europas, über Polen und Russen, über Tschechen und Franzosen, über Deutsche und Skandinavier und besonders über das vermeintlich lebensunwerte Leben in den Anstalten, über Zigeuner und über Millionen von Juden bringen sollte.
Für uns mag eine Vorahnung darin stecken, was durch fehlgeleitete menschliche

Herrschsucht, Genußsucht, Sicherheitssucht in unserer Generation der Zukunft an Bürden auferlegt wird. Oft genug müssen wir uns fragen: Was hat sich wirklich geändert, was ist menschlicher, was ist neu geworden seit Christus? Wann wird die Last menschlichen Versagens einmal geringer, einmal leichter? Jochen Klepper setzt dem eine Vision entgegen, die ungeheuer kühn das Ende der Macht des Dunkeln vor Augen führt: "Doch wandert nun mit allen der Stern der Gotteshuld. Beglänzt von seinem Lichte hält euch kein Dunkel mehr. Von Gottes Angesichte kam euch die Rettung her."
Wir können uns das sagen lassen von Jochen Klepper als von einem Menschen, der schließlich nur durch den Tod hindurch Gottes Licht geschaut hat, dessen letzter Tagebucheintrag auf das Bild des am Kreuze segnenden Christus verweis. Jesus Christus selbst ist es, der die Dunkelheit äußerster Gottverlassenheit durchschritten hat. Er ist durch diese Verlassenheit zum Leben durchgedrungen. Mit dem Licht seines neuen Lebens will er einen jeden unserer Tage begleiten. - Kein Dunkel kann mehr ewig sein, kein Dunkel uns für immer festhalten.

V. 5 *Gott will im Dunkel wohnen und hat es doch erhellt.*
Als wollte er belohnen, so richtet er die Welt.
Der sich den Erdkreis baute, der läßt den Sünder nicht.
Wer hier dem Sohn vertraute, kommt dort aus dem Gericht.

In der 5. Strophe kommt noch einmal alles zusammen, was dieses Lied sagen will. Jochen Klepper kann hier die Aussagen über Gott nur in Gegensätzen fassen, in Gegensätzen, durch die Gott aber in seiner ganzen Zuwendung zu allen Widersprüchlichkeiten menschlicher Existenz, zu aller Not, Verlorenheit und Schuld erscheint. Sein Gericht über menschliche Schuld ist paradoxerweise keine Bestrafung, sondern wie eine Belohnung: Er setzt sich menschlicher Schuld aus! Der, der das Weltall erschaffen hat, ist sich nicht zu gering, sich dem einzelnen, ja dem Sünder zuzuwenden.
Und so mündet das Lied in der Botschaft: Wer hier Jesus vertraut, hat eine ewige Perspektive - er braucht die Verdammung für seine Schuld nicht mehr zu fürchten.
Wer von dieser Verheißung weiß, wem dieser Trost gewiß ist, der wird nicht anders können, als andere diese Verheißung, diesen Trost auch wissen und spüren zu lassen. Er wird hinausgehen und jeden, der ihm begegnet, mit den Augen der Liebe Jesu sehen lernen; er wird versuchen, Licht ins Dunkel zu tragen, aufzuhellen, beizustehen in dem Bereich, in dem er wirken kann, in dem er Verantwortung trägt, und dabei selbst immer wieder von dem Licht des Morgensterns umfangen werden.
Amen.

Predigt im Festgottesdienst aus Anlaß des 40jährigen Bläserjubiläums des Posaunenchores der Evangelisch-Lutherischen Gemeinde Nürnberg-Zerzabelshof am Sonntag, 15. Juni 1986

Psalm 146

(1) Hallelujah! Lobe den HERRN, meine Seele!
(2) Ich will den HERRN loben, solange ich lebe,
und meinem Gott lobsingen, solange ich bin.
(3) Verlaßt euch nicht auf Fürsten; sie sind Menschen,
die können ja nicht helfen.
(4) Denn des Menschen Geist muß davon, und er muß wieder zu Erde werden;
dann sind verloren alle seine Pläne.
(5) Wohl dem, dessen Hilfe der Gott Jakobs ist,
der seine Hoffnung setzt auf den HERRN, seinen Gott,
(6) der Himmel und Erde gemacht hat, das Meer und alles,
was darinnen ist; der Treue hält ewiglich,
(7) der Recht schafft denen, die Gewalt leiden,
der die Hungrigen speiset.
Der HERR macht die Gefangenen frei.
(8) Der HERR macht die Blinden sehend.
Der HERR richtet auf, die niedergeschlagen sind.
Der HERR liebt die Gerechten.
(9) Der HERR behütet die Fremdlinge und erhält Waisen und Witwen;
aber die Gottlosen führt er in die Irre.
(10) Der HERR ist König ewiglich,
dein Gott, Zion, für und für.
Hallelujah!

Liebe Gemeinde! Ist dies nicht ein Psalm wie für diesen Festtag? - Ein jubelnder, ein triumphierender Psalm! - Mit einem HALLELUJAH beginnt er, mit einem HALLELUJAH endet er. Man könnte meinen, man hörte in seinen Worten Hörner, Posaunen und Trompeten widerklingen, die das Lob Gottes hinausschallen lassen, das Vertrauen in Gottes Macht, in seine Kraft und seinen Beistand.

In unserem Gesangbuch finden wir gleich zwei bekannte Choräle, die diesen Psalm in Verse gefaßt haben: "Du meine Seele, singe" - der Choral, den wir ja schon angestimmt haben - und "Lobe den Herren, o meine Seele". Beide Lieder heben ganz besonders dies hervor, was gleichsam das Motto des Psalms ist: "Ich will den HERRN loben, solange ich lebe, und meinem Gott lobsingen, solange ich bin".

Lebenslanges Lob Gottes - ich denke, dieses Motto dürfen wir auch über den heutigen Tag stellen. Denn: 40 Jahre Posaunenchor in unserer Gemeinde - das ist schon mehr als eine Generation, das ist länger, als in früheren Zeiten überhaupt viele Menschen lebten.

40 Jahre Lob Gottes: Wie oft ist da dieser Chor zusammengekommen, hat die Instrumente gestimmt, Lieder ausgesucht und geübt, Spielstücke erarbeitet und gestaltet. - Wie oft sind da die Instrumente ausgepackt worden - und über viele Jahre mußten sie auch noch eifrig geputzt werden, heute haben wir es leichter, da sind die meisten Instrumente lackiert -, und wie oft haben da die Töne zusammengeklungen: bei Gottesdiensten und Kirchenfesten, bei Trauungen, Geburtstagen, Beerdigungen, bei Kirchentagen und Posaunenchortreffen! - Drei Bläser aus unserem Chor sind seit Anfang an dabei, mehrere andere wenig später dazugekommen - und wir alle empfinden unser Mitblasen so, daß unser Leben begleitet, daß es reich gemacht wird durch das Lob Gottes.

Wenn wir uns vor diesem Hintergrund nun noch einmal dem Psalm zuwenden, den wir eben gehört haben, dann muß uns **eins** an ihm besonders auffallen: wie nämlich in ihm das Gotteslob konkret auf das menschliche Leben bezogen wird, wie dieses Leben ganz vom Lob Gottes her gesehen und gedeutet wird.

Wir können uns das so vorstellen, daß ein Psalmsänger dieses Lied im Tempel in Jerusalem vorgetragen hat, daß er damit aber nicht nur für sich spricht, sondern gleichzeitig das Volk Israel anredet, dem er angehört.
Er beginnt mit einer dreifachen Aufforderung und Ermutigung zum Lob: "Lobe den HERRN, meine Seele" - und mit Seele ist hier die Mitte der ganzen Person gemeint: aus dem Herzen soll das Lob kommen, aus innerster Freudigkeit heraus soll es erklingen -, "ich will den HERRN loben, solange ich lebe, und meinem Gott singen und spielen, solange ich bin".
Und dann wendet sich der Sänger an seine Zuhörer und begründet sein Lob: Auf Gott sollen sie sich verlassen und nicht auf Menschen. Menschen, auch wenn sie Fürsten sind, auch wenn sie mächtig erscheinen, können nicht wirklich helfen: Irgendwann setzt der Tod ihrem Leben ein Ende - und dann ist es aus mit ihrer

Macht, dann verfallen über kurz oder lang ihre Pläne.
Wenn man dagegen auf Gott seine Hoffnung setzt, dann hofft man auf den, der Himmel und Erde gemacht hat, das Meer und alles, was darinnen ist. Man hofft dann auf den, der nicht unserer Vergänglichkeit, unserer Fehlerhaftigkeit unterliegt, sondern der jenseits aller unserer Begrenztheit lebt und regiert.
Dieser ewige, einzige und einzigartige Gott bleibt aber nicht für sich: Er hat sich vielmehr dem Menschen zugewandt. So wie er ewig ist, so hält er auch seine Treue ewig. Vor allem aber: er hat sich der Menschen in ihrer Begrenztheit angenommen, ja, er hat sich gerade die Schwachen und Leidenden für seine Liebe und Hilfe ausgewählt:
Recht schafft er denen, die Gewalt leiden, Freiheit den Gefangenen, Aufrichtung für die Niedergeschlagenen; Anerkennung erfahren die Gerechten, Schutz die Fremdlinge, Stärke und Halt die Witwen und Waisen. Die Selbstsüchtigen aber landen im Nichts.

Vielleicht werden jetzt manche unter uns sagen: Ja, so sollte es sein, so sollte es auf der Erde zugehen, so sollten die Menschen es erleben! - Aber ist die Wirklichkeit nicht weithin das Gegenteil: Wo erfahren denn diejenigen Recht, die Gewalt leiden? Warum muß denn eine Gefangenenhilfsorganisation wie Amnesty International immer wieder ihre Stimme erheben für unschuldig Gefangene besonders im Osten, aber auch im Westen und nicht zuletzt in den sogenannten blockfreien Staaten? - Wo werden Hungrige gespeist - Hungrige in den Elendsgürteln unserer Erde, Menschen ohne Arbeit und berufliche Perspektive? - Wo erleben Fremdlinge, daß sie behütet werden - Flüchtlinge, daß man sie willkommen heißt, daß man sie nicht am liebsten wieder abschiebt? - Und umgekehrt: Wo merken Selbstsüchtige, Menschen, die nur den Gott ihres Egoismus kennen, daß sie in die Irre gehen?

Worin ist das Bild begründet, das der Psalmist entwirft, dieses Bild, das sich mit unseren Realitäten zu stoßen scheint, das so anders aussieht als das, was Menschen an vielen Orten erleben?

Wenn wir einmal einsteigen in die Lebenswelt unseres Psalms, wenn wir der Geschichte nachspüren, die hinter ihm steht, und wenn wir die Anlässe verfolgen, bei denen er immer wieder gesungen und gebetet wurde, dann merken wir: dieses triumphierende, dieses jubilierende Lob Gottes ist nichts Weltfernes, nichts Wirklichkeitsfremdes - es ist ein Lob, das den Realitäten ins Gesicht blickt, das sich dem Unheil und aller falschen irdischen Macht entgegenstellt, ihr widerspricht und trotzt von der eigentlichen Quelle des Lebens aus.

Im einzelnen können wir und das in drei Schritten vor Augen führen. Das Lob unseres Psalms ist
1. kein billiges Lob; es ist ein Lob aus der Bewahrung heraus; es ist
2. ein dankbares Lob, und es ist
3. ein tätiges Lob.

1. Das erste: Das Gotteslob in diesem Psalm ist ein Lob aus der Bewahrung heraus. - Es wurde gesungen in dem kleinen Volk Israel, in dem Volk, das in seiner ganzen Geschichte wie ein Spielball fremder Mächte erschien. - Da waren Fürsten - mächtige Könige in Ägypten und im Zweistromland am Euphrat und Tigris - die immer wieder in den Lebensraum Israels eindrangen, die dieses kleine Volk in Abhängigkeit halten wollten. 50 Jahre lang waren die Israeliten im Exil gewesen, unterjocht, hatten das Schicksal erlitten, Fremdlinge in einem fernen Land zu sein. - Aber auch die mächtigen babylonischen Könige lebten nicht ewig; sie starben, und ihr Reich wurde von den Persern erobert, die die Israeliten wieder in ihr Land zurückkehren ließen, die ihnen erlaubten, den Tempel wiederaufzubauen.
Ein kleines Volk - gebeutelt und geschlagen von der Geschichte - und doch wunderbar bewahrt, hindurchgerettet von dem, der die eigentliche Macht hat, der Himmel und Erde geschaffen hat, dem das Meer gehört und alles, was darinnen ist. - Sollte das nicht Anlaß sein zum Gotteslob, zum Lob Gottes ein Leben lang?

Lob aus der Bewahrung heraus - auch unser Posaunenchor verdankt sich eben dieser Erfahrung. Da waren 8 junge Männer - nach dem 2. Weltkrieg, in den die mächtigen Fürsten des 3. Reiches unser Volk und alle Völker Europas hineingerissen hatten - 8 junge Männer, die bewahrt geblieben waren und die diese Bewahrung nicht selbstverständlich nahmen, sondern Gott dafür loben wollten, loben mit Trompeten und Posaunen - und die diese Aufgabe für ihr ganzes weiteres Leben übernommen haben.
Dieses Gotteslob hat die bitteren Erfahrungen der Kriegs- und Nachkriegszeit nicht verdrängt, aber es nimmt ernst, daß unser Leben immer wieder eine Bewahrung, ein Geschenk ist, für das wir genügend Anlaß haben, Lob und Dank zu sagen.

2. Und damit sind wir bei dem zweiten: Das Gotteslob unseres Psalms ist ein dankbares Lob. Israel dankt in ihm für die Befreiung aus der Gefangenschaft, dafür, daß Gott es in der Fremde behütet hat, daß er die Niedergeschlagenen im fernen Babylon aufgerichtet hat.

Es dankt ihm aber auch für die Gebote, die er seinem Volk gegeben hat und die in diesem kleinen Land mehr Menschlichkeit möglich gemacht haben als anderswo: Da gab es Asylstätten für die, die schuldig geworden waren; da gab es ein grundsätzliches Schutzrecht für die Fremden; da gab es genaue Anweisungen, die Witwen und Waisen vor Willkür und Ausbeutung zu bewahren. - In diesen Geboten hat Israel Gottes Beistand erfahren mitten in einer Welt, die nach ganz anderen Gesetzen lebte, und es dankt Gott dafür, indem es ihn lobt.

In eben dieses Lob können auch wir dankbar einstimmen. Denn was Gott diesem seinem auserwählten Volk geschenkt hat, das hat er in Jesus Christus uns allen geschenkt. In Jesus Christus hat er uns alle zu seinem auserwählten Volk gemacht:
In Jesus hat er die aus ihrer Ichsucht befreit, die nur noch an ihr Geld dachten und darüber zu Betrügern wurden - wie den Zöllner Zachäus. In Jesus hat er die Blinden sehend gemacht - den blinden Bartimäus in Jericho und all die, die blind geworden waren für die Not ihrer Schwestern und Brüder. In Jesus hat er die aufgerichtet, die niedergeschlagen waren in Schuld und Verlassenheit - wie die Sünderin am Tisch des Pharisäers.
In Jesus hat er aber auch Gewalt gelitten wie die Ärmsten dieser Erde, ist er gefoltert worden und am Kreuz gestorben als ein unschuldig Verfolgter.
Aber da, wo der Weg der Liebe und der Gerechtigkeit zu Ende zu sein schien, da begann das neue Leben, da begann das Ostern, für das wir Gott am allermeisten loben und danken müssen. - Die Fürsten, die über Jesus urteilten sind dahin: Herodes ist ebenso gestorben wie Pilatus. Was blieb von ihren Plänen? Auch der mächtige Kaiser Augustus, in dem viele Menschen damals den Heiland der Welt zu sehen meinten, ist vergangen und wie er das riesige römische Weltreich.
Jesus aber lebt, und er wirkt in all den Menschen, die von seiner Liebe erfüllt sind. - Das Lob und der Dank für dieses neue Leben, für diese neue Schöpfung: Wo können sie wohl heller erstrahlen, als wenn am Ostermorgen die Posaunen ihre Instrumente erschallen lassen, wenn sie das "Christ ist erstanden" anstimmen?!
Von diesem Leben und von dieser Liebe müssen sich Christen immer wieder ergreifen lassen, auch wenn es ringsum anders aussieht.

3. Und damit kommen wir zum dritten:
Das Gotteslob unseres Psalms ist ein tätiges Lob.
Der Psalmist behält seine Freude nicht für sich, er ruft sie in sein ganzes Volk hinaus.

Wir Christen dürfen die Liebe Gottes nicht für uns behalten: sie gilt der ganzen Welt. - Und deshalb dürfen Christen nicht schweigen, wenn Menschen Gewalt leiden. Sie dürfen sich nicht ihrer Sattheit hingeben, wenn andere hungern. - Sie werden ein Auge haben für die, die niedergeschlagen sind. Sie werden für die Fremden bei uns eintreten, auch wenn das in unserer Umgebung oft gar nicht gerne gesehen wird.

Was ist nun die besondere Aufgabe, die besondere Berufung des Posaunenchores bei diesem tätigen Lob Gottes?
Es ist dieses: die Töne klingen zu lassen, den Gesang zu kräftigen und die Herzen einzustimmen auf das, was Gott von uns will und erwartet. Wer singt, spielt und lobt, der bringt Traurigen Freude, der richtet die auf, die müde geworden sind, der kann Versöhnung schaffen dort, wo Feindschaft ist.

Eine besonders schöne Geschichte dazu möchte ich zum Schluß erzählen: Es war in Afrika zu Beginn unseres Jahrhunderts. Zwei Dörfer am Kilimandscharo, dem höchsten Berg Afrikas, hatten seit Jahrhunderten in Feindschaft gelebt. Nicht nur, daß man sich gegenseitig immer wieder überfallen und beraubt hatte; es galt auch das grausame Gesetz der Blutrache, das zur Vernichtung ganzer Familien geführt hatte.
Nun waren Missionare in das eine der beiden Dörfer gekommen und hatten von Jesus, seiner Liebe und seiner versöhnenden Botschaft erzählt. Die Bewohner des Dorfes waren aufgeschlossen dafür. Sie hörten zu - und nach einiger Zeit ließen sie sich alle taufen. - Wiederum einige Zeit später kam das aufregende Gerücht, daß auch in dem befeindeten Dorf der Glaube an Christus eingekehrt sei. Wenn das aber stimmte, dann galt ja die alte Feindschaft nicht mehr, dann mußte es doch Versöhnung geben! - Erste vorsichtige Botschaften wurden ausgetauscht, ein Tag ausgemacht, an dem man einander begegnen wollte. Es begannen fieberhafte Vorbereitungen dafür - an den Festgewändern, an den Geschenken, die man mitnehmen wollte, an allem, was zu einem einzigartigen Fest gehörte.
Als es schließlich so weit war, machte man sich voller Erwartung und doch auch immer noch voll Ängstlichkeit auf den Weg. Wann und wo würde man sich treffen? Wie würde man sich begrüßen?

Schließlich war in dem hohen Steppengras eine Bewegung auszumachen. Und dann sah man etwas Blitzendes kommen! Waren das die Speere, die man früher bei den Raubzügen mittrug? - Doch da stand man schon einander gegenüber. Das Blitzende - es waren Posaunen! Die Bläser des anderen Dorfes setzten sie an die

Lippen, um mitten in der Steppe ein Versöhnungslied zu blasen, es weithin erschallen zu lassen, daß die alte Feindschaft ein Ende hat. - Man umarmte sich, man tanzte vor Freude - es begann ein Fest, wie es schöner nicht sein konnte.

Daß unsere Posaunen immer wieder Boten solcher Versöhnung sein können - Instrumente des Friedens und nicht des Krieges, Zeugen des Dankes für Gottes Liebe, daß sie Mut machen zu einem tätigen Lob Gottes - das ist mein Wunsch und meine Bitte für uns alle.
Amen.

Ach bleib mit deiner Gnade

1 Ach bleib mit deiner Gnade bei uns, Herr Jesu Christ, daß uns hinfort nicht schade des bösen Feindes List.

2 Ach bleib mit deinem Worte / bei uns, Erlöser wert, / daß uns sei hier und dorte / dein Güt und Heil beschert.

3 Ach bleib mit deinem Glanze / bei uns, du wertes Licht; / dein Wahrheit uns umschanze, / damit wir irren nicht.

4 Ach bleib mit deinem Segen / bei uns, du reicher Herr; / dein Gnad und alls Vermögen / in uns reichlich vermehr.

5 Ach bleib mit deinem Schutze / bei uns, du starker Held, / daß uns der Feind nicht trutze / noch fäll die böse Welt.

6 Ach bleib mit deiner Treue / bei uns, mein Herr und Gott; / Beständigkeit verleihe, / hilf uns aus aller Not.

Text: Josua Stegmann 1627
Melodie: Christus, der ist mein Leben (Nr. 516)

Predigt am Sonntag Okuli (22. März 1987) in der Evangelisch-Reformierten
Kirche St. Martha Nürnberg
zu dem Lied
"Ach bleib mit deiner Gnade"
Choral von Josua Stegmann (1627)
EG 347

Liebe Gemeinde! Die Älteren unter uns werden mit diesem Lied besondere Erinnerungen verbinden: "Ach, bleib mit deiner Gnade...", - das war lange Zeit *das* Lied der Konfirmanden. Sie sangen es immer wieder während der Konfirmationszeit, vor allem aber bei der Konfirmation selbst, denn:
Gottes Gnade, sein Segen, sein Schutz, seine Treue - die sollten sie behüten und bewahren, die sollten ihnen ein Geleit sein durchs Leben, die sollten sie stärken für Zeiten der Not und für Zeiten der Anfechtung.
Wenn wir heute dieses Lied singen, dann hat es nicht mehr die gleiche Selbstverständlichkeit, die gleiche Eindeutigkeit wie noch zu meiner Kinderzeit:
Ach bleib mit deiner Gnade...,
    mit deinem Worte
    mit deinem Glanze
    mit deinem Segen
    mit deinem Schutze
    mit deiner Treue...,
sind das nicht Worte - alt und erhaben -, Worte aber, die seltsam fremd in unsere Zeit hineinragen?
- Jemanden um **Gnade** bitten, das heißt doch: sich selbst als hilfsbedürftig, sich selbst als abhängig anzusehen!
Ist statt dessen heute nicht überall die eigene Kraft gefragt, das eigne Vermögen: selbst sein Geschick zu meistern, "Ichstärke" zu zeigen?
- Um das eine **Wort** zu bitten, das entscheidende, erlösende Wort: Geht das nicht vorbei an der Vielfalt der Worte, die heute auf uns einströmt, an der Notwendigkeit, umfassend informiert zu sein, daran, daß es darauf ankommt, wortgewandt aufzutreten und zu handeln?
- Nach dem **Glanz** des einen Lichtes zu schauen - ist das überhaupt möglich angesichts der vielfältigen Lichter, die auf uns einstrahlen, der unendlich vielen Bilder und Eindrücke, die uns ins Haus geliefert werden, die uns überschwemmen mit werbenden Farben, mit verlockenden Angeboten, die uns vorspiegeln, man könnte die Schönheit, den Reichtum und den Genuß der Welt kaufen?

- Und um weiterzugehen: Ist statt Gottes **Segen** nicht vielmehr das eigene Regen des Menschen gefragt, statt seines **Schutzes** nicht eine gute Lebensversicherung, statt **Treue** und **Beständigkeit** nicht vielmehr Flexibilität, Beweglichkeit?

Was bedeutet es da, diese alten Worte zu singen, auf sie zu achten, sie zu bedenken?
Es bedeutet einfach dies: sich nicht überschwemmen lassen von einem vordergründigen Leben, sich nicht überfluten lassen von all den Verlockungen des Wohlstands, den Zerstreuungen, die uns nicht mehr zur Besinnung kommen lassen, sich nicht einfangen lassen von der verbreiteten Lebensauffassung, daß der Mensch alles Entscheidende selbst bewältigen könne.
Es bedeutet: ruhig zu werden, zu hören, auf das eine Wort zu lauschen, einen Halt zu gewinnen im Getriebe, Orientierung zu finden durch all das Vielerlei, das uns umgibt.
Es bedeutet: mit dem Dichter dieses Liedes zurückzufragen nach den Wurzeln unseres Glaubens und mit ihm Ausschau zu halten nach einer Kraft und einer Wirklichkeit, die unser Leben umschließen und ihm eine Richtung geben kann.

Was hat wirklich Bestand, worauf kann man bauen, worum muß man bitten? Das waren auch die Fragen, die sich der Dichter dieses Liedes stellte. - Unter unserem Liedtext steht sein Name: Josua Stegmann, und dazu eine Jahreszahl: 1627. Wir erinnern uns: 1627 war die Zeit des 30jährigen Krieges, der damals seit 9 Jahren wütete, - eine Zeit der Not und der Angst, eine Zeit, in der Glaubenstreue gefährlich werden konnte: eine Zeit, in der nichts Bestand zu haben schien außer der Feindschaft eines gegen den anderen. Das mußte gerade auch Josua Stegmann bitter erfahren. Hinten in unserm alten Gesangbuch (EKG) heißt es (S. 752 unter der Nr 160) über ihn:
"geb. 1588 in Sülzfeld bei Meiningen, Superintendent der Grafschaft Schaumburg und Professor der Theologie zunächst in Stadthagen, dann an der Universität in Rinteln (Weser), dort gest. 1632 nach schweren, durch das Vordringen der Gegenreformation verursachten Heimsuchungen."

Was verbirgt sich hinter diesen wenigen Angaben? - Vor allem hinter dem kurzen Hinweis auf die "Heimsuchungen"? Es ist eine bewegende, erschütternde Geschichte, von der uns einige wichtige Begebenheiten bekannt sind:
1621 wird in Rinteln/Weser eine neue lutherische Universität (mit kaiserlichen Privilegien) gegründet. Gebäude müssen nicht gebaut werden, die Uni erhält die Räume des ehemaligen Benediktiner-Klosters. Zu den Gründungsprofessoren gehört Josua Stegmann, damals ein bekannter Theologe.

Nur wenige Friedensjahre sind dem Aufbau der Uni gegönnt: dann schwappt eine Welle des 30jährigen Krieges über Rinteln hinweg: die Stadt wird geplündert, die Uni auch. Die Bevölkerung flieht: Studenten, Bürger, Professoren. Stegmann auch.

Nach kurzer Zeit wagt man die Rückkehr; die Vorlesungen werden wieder aufgenommen, das Leben geht einigermaßen normal weiter. Drei Friedensjahre - dann stehen wieder Truppen vor der Stadt: die Stadt wird geplündert. Die Menschen befürchten Schlimmeres. Alles flieht. Stegmann auch.

Wieder zurückgekehrt, wird neu aufgebaut. Auch die Uni. Alles atmet auf, als die Nachricht verbreitet wird: Friedensverhandlungen haben begonnen! Doch die Bedingungen der Siegerpartei sind hart; sie gipfeln in der Bestimmung: die katholischen Rechte müssen wiederhergestellt werden.

Für die neue Uni heißt das: Gebäude, Vorlesungsräume sind an die Mönche zurückzugeben. Für Professor Stegmann heißt das: Du bist wie deine Kollegen über Nacht entlassen; dein Lehrstuhl wird von einem Mönch besetzt. Das bereits ausgezahlte Professorengehalt wird zurückgefordert, ja sogar mit Hilfe von Dragonern eingetrieben.

Also Berufsverbot. Er muß miterleben, wie sein Kollege und Freund Gisenius plötzlich verhaftet, eingekerkert wird. Ein Jahr lang bleibt der im Gefängnis. Nicht beweisbare Verdächtigungen sind der Haftgrund. Stegmann ist tief deprimiert.

Ihm versucht man anders beizukommen: zu einer öffentlichen Disputation lädt man ihn vor. Stegmann ahnt, was gespielt werden soll; er weigert sich. Man stellt ihn vor die Wahl: entweder kommt er freiwillig, oder Dragoner führen ihn vor. Josua Stegmann erscheint. Doch es wird keine Disputation, sondern eine Anti-Stegmann-Veranstaltung: Der Saal ist brechend voll, Kopf an Kopf stehen sie. Einer stellt sich gegenüber ans Pult, ruft Stegmann ein paar wüste Thesen zu - kaum versucht der zu antworten, wird er mit witzigen Verdrehungen, mit bösen Unterstellungen, mit Gelächter, mit Spottversen überschüttet. Er wird richtig fertig gemacht. Einen Monat nach diesem Ereignis stirbt er. An 'hitzigem Fieber', wie die Quellen sagen. (Zusammenstellung der Informationen: Friedemann Schäfer/Heilsbronn)

Ein erschütternder Lebenslauf. Ein Lebenslauf, bei dem wir verstehen, warum Josua Stegmann gerade das Lied dichtete, das wir heute noch in unserem Gesangbuch finden und über das wir heute nachdenken. Es ist das Lied eines geängsteten Herzens, eines Menschen, der Ausschau hält nach einer Hilfe, die stärker ist als sein eigenes Vermögen: Er ahnt, mit welchen Listen man auch gläubigen Menschen beikommen will, er ahnt, wie einem das Wort im Munde

verdreht werden kann; er ahnt, daß der eignen Schutz nicht ausreicht gegen böswillige Feinde; er ahnt, wie schwer es ist, Beständigkeit zu bewahren in einer Zeit, die voll ist von Krieg, Verheerung, Verwüstung.
Und so bittet er um die Gnade Jesu Christi gegen die List des Feindes, - um sein Wort, das den rechten Weg weist, - um seinen Glanz, der Finsternis und Unwahrheit vertreibt, um seinen Segen, der neue Kraft verleiht, um seinen Schutz gegen die Angriffe des Bösen, um seine Treue in aller Not und durch alle Not hindurch.
Ein Lied, ein Gebet, das - wenn wir nur ein wenig nachdenken - uns genauso nottut wie den Gläubigen in den Wirrnissen des 30jährigen Krieges. Ja, vielleicht ist es noch dringender in einer Zeit, in der Menschen einerseits meinen, sie könnten alles selbst schaffen, und in der sie andererseits über die entsetzlichen Kräfte verfügen, alles Leben auf der Erde zu zerstören.
Hören wir darum einmal neu auf das Lied, versuchen wir, es zu einem Gebet für unsere Zeit werden zu lassen:

V. 1 *Ach bleib mit deiner Gnade bei uns, Herr Jesu Christ,*
daß uns hinfort nicht schade des bösen Feindes List.
Das heißt: Bewahre uns vor der List einer Welt, die uns von Gott fortziehen will, die uns vorgaukelt, mit menschlicher Macht sei alles getan. Laß uns wieder erkennen, daß unser Leben ein unverdientes Geschenk ist, das wir in Gottes Auftrag wahren und hüten sollen, daß er uns eine Welt geschenkt hat, die voll der Wunder ist und die von Gottes Liebe her lebt.

V. 2 *Ach bleib mit deinem Worte bei uns, Erlöser wert,*
daß uns - sei hier und dorte - dein Güt und Heil beschert.
Das heißt: Bewahre uns davor, vor all den Worten, den Reden, den Betörungen in unserer Zeit dein Wort nicht mehr zu hören: dein Wort, mit dem du uns auf deinen Weg rufst, mit dem du uns erlöst von unserer Ichsucht, mit dem du uns zu Boten deiner Güte machst.

V. 3 *Ach bleib mit deinem Glanze bei uns, du wertes Licht;*
dein Wahrheit uns umschanze, damit wir irren nicht.
Das heißt: Bewahre uns vor der Verblendung, die nicht mehr erkennen läßt, was wahr und was falsch ist, die uns wegsehen läßt über die Not anderer, die uns einstimmen läßt in die Abwehr fremder. - Umgib uns mit deiner Klarheit, damit wir einen offenen Blick haben für die, in denen du uns begegnest - die geringsten Brüder um uns und unter uns.

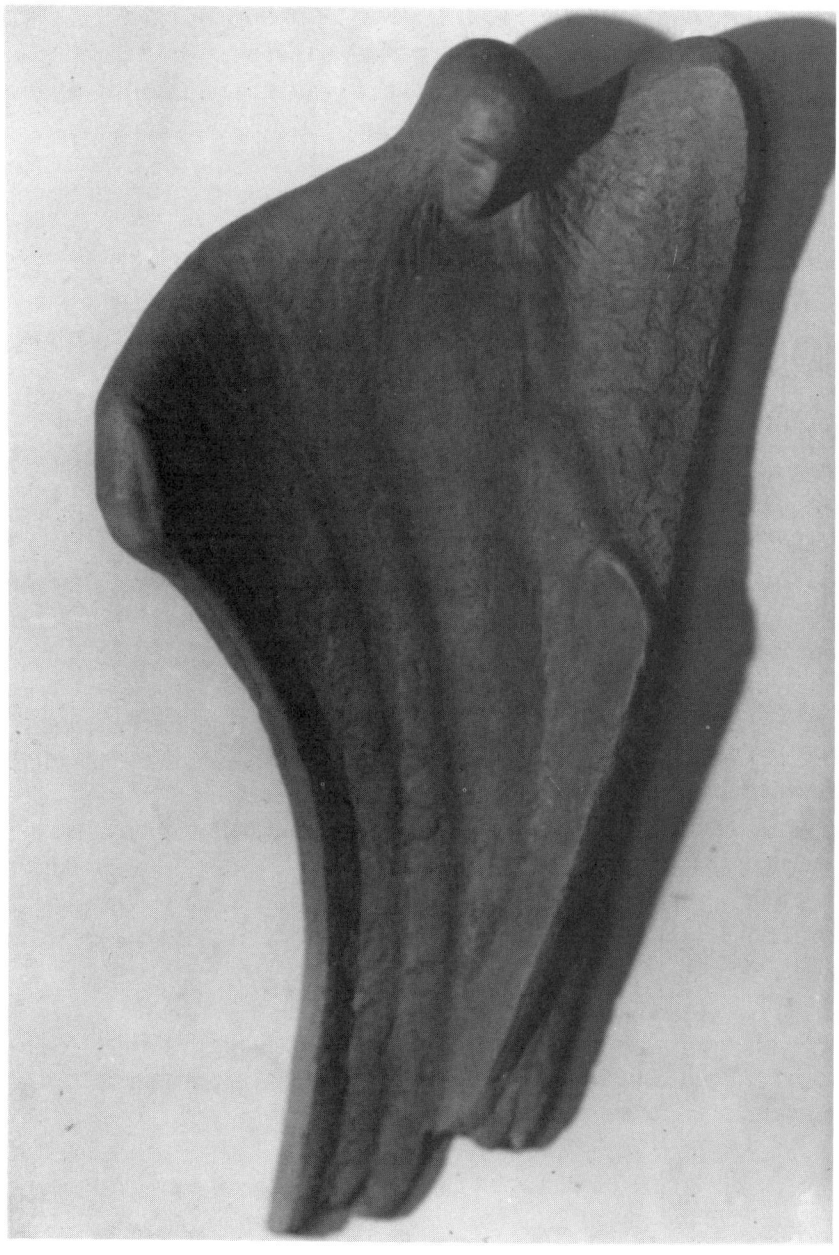

Rika Unger: **Engel** ("Schutz")

V. 4 *Ach bleib mit deinem Segen bei uns, du reicher Herr;*
dein Gnad und alls Vermögen in uns reichlich vermehr.
Das heißt: Sei du mit deiner Kraft in uns. Laß uns aus deinem Reichtum leben, mit deiner Liebe, deiner Freundlichkeit, deiner Herzlichkeit erfüllt sein. Lebe du selbst in uns, verwandle du unsere Schwachheit in deine Stärke.

V. 5 *Ach bleib mit deinem Schutze bei uns, du starker Held,*
daß uns der Feind nicht trutze noch fäll die böse Welt.
Das heißt: Umgib du uns wie mit einer Mauer, wo wir zaghaft und wankelmütig sind, wo unser Glaube lächerlich gemacht wird, wo uns der Mut zur Liebe genommen werden soll. - Stärke du uns den Rücken, wenn es darum geht, Bosheit und Unrecht beim Namen zu nennen und denen zur Seite zu stehen, die keine mächtigen Fürsprecher haben.

Ein Beispiel möchte ich dafür erzahlen, ein Beispiel, das zeigt, wie mit der Kraft des Glaubens auch der vielleicht teuflischsten Macht unseres Jahrhunderts widerstanden worden ist:
Es war in den Jahren 1940/1941, als die nationalsozialistische Führung auf persönliche Veranlassung Hitlers das Programm zur "Tötung lebensunwerten Lebens" durchführte. Viele tausend Kranke in vielen Anstalten sind ihm zum Opfer gefallen.
In den von Bodelschwinghschen Anstalten hat Pastor Braune eine Denkschrift verfaßt, in der er die ganze geheimgehaltene Aktion systematisch aufdeckte. Pastor Fritz von Bodelschwingh hat sich mit seiner ganzen Ärzteschaft trotz massiver Drohungen geweigert, die Meldebögen für die Kranken auszufüllen. In stundenlangen Gesprächen mit dem Leibarzt Adolf Hitlers, Dr. Brandt, hat er zu zeigen versucht, wie auch das schwächste Leben Liebe empfangen und Liebe widerspiegeln kann. Im Gebet hat er um jeden seiner Kranken gerungen. Und es ist keiner von ihnen aus Bethel abtransportiert worden; und nach dem Widerstand Bethels ist die ganze Aktion gestoppt worden.
Sicher - dies war nur ein Teilsieg gegen die Vernichtungsmaschinerie des Regimes; aber doch ein Zeichen für Bekenntnismut aus einem Schutz heraus, der über unser Leben hinausreicht.

Um diesen Blick über unser Leben hinaus geht es auch in der letzten Strophe:
V. 6 *Ach bleib mit deiner Treue bei uns, mein Herr und Gott;*
Beständigkeit verleihe, hilf uns aus aller Not.
Wir können beten: Laß uns auf dich blicken als auf den, der treu geblieben ist bis in den Tod; der am Kreuz noch für seine Feinde gebetet hat, der seinen

Jüngern ihre Feigheit verziehen hat - der selbst durch die äußerste Not gegangen und hindurchgedrungen ist zum ewigen, unerschöpflichen Leben, zu dem Leben, in dem einmal auch alle unsere Not aufgehoben sein soll.
Amen.

Lob Gott getrost mit Singen

243

1. Lob Gott getrost mit Sin-gen, froh-lock, du christ-lich Schar! / Dir soll es nicht miß-lin-gen, Gott hilft dir im-mer-dar. Ob du gleich hier mußt tra-gen viel Wi-der-wär-tig-keit, sollst du doch nicht ver-za-gen; er hilft aus al-lem Leid.

2. Dich hat er sich erkoren, / durch sein Wort auferbaut, / bei seinem Eid geschworen, / dieweil du ihm vertraut, / daß er deiner will pflegen / in aller Angst und Not, / dein Feinde niederlegen, / die schmähen dich mit Spott.

3. Kann und mag auch verlassen / ein Mutter je ihr Kind / und also gar verstoßen, / daß es kein Gnad mehr find't? / Und ob sich's möcht begeben, / daß sie so gar abfiel: / Gott schwört bei seinem Leben, / er dich nicht lassen will. Jesaja 49,14-16

4. Darum laß dich nicht schrecken, / o du christgläub'ge Schar! / Gott wird dir Hilf erwecken / und dein selbst nehmen wahr. / Er wird seim Volk verkünden / sehr freudenreichen Trost, / wie sie von ihren Sünden / sollen werden erlöst.

5. Es tut ihn nicht gereuen, / was er vorlängst gedeut', / sein Kirche zu erneuen / in dieser fährlichn Zeit. / Er wird herzlich an-schauen / dein' Jammer und Elend, / dich herrlich auferbauen / durch Wort und Sakrament.

6. Gott solln wir fröhlich loben, / der sich aus großer Gnad / durch seine milden Gaben / uns kundgegeben hat. / Er wird uns auch erhalten / in Lieb und Einigkeit / und unser freundlich walten / hier und in Ewigkeit.

Text: Böhmische Brüder 1544
Melodie: 16. Jh. »Entlaubt ist uns der Walde«; geistlich Nürnberg um 1535, Böhmische Brüder 1544, bei Otto Riethmüller 1932

Predigt am Himmelfahrtsfest (28. Mai 1987)
über das Lied
"Lob Gott getrost mit Singen"
Böhmische Brüder (1544)
EG 243

Liebe Gemeinde! "Lob Gott getrost mit Singen" - das Lied, das wir eben gesungen haben, prachtvoll eingeleitet und begleitet von den Posaunen, ist ein Lied, das ich gern singe: eine Melodie, die froh stimmt, ein Text, wie zu einem Festgottesdienst geschrieben, so recht auch zum Himmelfahrtstag passend, dem Tag des Jubels darüber, daß Christus bei Gott ist, daß er es ist, der zur Rechten Gottes sitzt, der letztlich die ganze Welt in seiner Hand hat.
Die fröhliche Melodie, die noch an ein tänzerisches Volkslied erinnert, kann möglicherweise ein wenig schnell darüber hinwegtragen, wovon dieses Lied durchaus auch weiß, nämlich über das Notvolle und Schwere. Da heißt es in der ersten Strophe: *Ob du gleich hier mußt tragen viel Widerwärtigkeit*, in der 2. Strophe ist von *Angst und Not* die Rede, von Feinden, in der 5. von *dieser g'fährlichn Zeit*, von *Jammer und Elend*.
Aber vielleicht ist gerade dies wertvoll für uns: ein Loblied kann dann am ehesten glaubwürdig sein, wenn es Angst und Not, Feindschaft und Elend nicht überspringt: Angst und Not, von der auch wir umgeben sind - sei es von Krankheiten, die wir zu tragen haben, sei es von einem Unglück, von dem wir betroffen sind oder Menschen, die uns lieb sind; - seien es Flüchtlingsschicksale, von denen unsere Zeit so voll ist; - sei es die Feindschaft, wie sie immer noch in vielen Ecken der Welt lauert, und dies in einer *g'fährlichn Zeit*, in der Menschen so viel Macht zum Zerstören haben wie noch nie.

Unser Lied nimmt die Bedrohungen wahr und bleibt dabei doch uneingeschränkt ein Loblied: ein durch und durch ermutigender Text, eine durch und durch fröhliche Melodie; sie sind offenbar ganz bewußt gewählt, so, daß sie den Sänger mitnehmen in einen großen Atem des Lobens hinein.

Wer war der Dichter, wer waren die ersten Sänger dieses Liedes? Welche Erfahrungen prägten sie, welcher Glaube hat sie getrieben? Was gibt ihnen den Mut, so überschwenglich zu lobsingen?

Am Anfang des Liedes und am Ende sind sie genannt: "Böhmische Brüder". Kein einzelner Dichter also, kein einzelner Komponist, sondern eine Gruppe von

Christen hat dieses Lied gedichtet und zuerst gesungen.

Die "Böhmischen Brüder": Was wissen wir überhaupt von ihnen? Es ist nie eine sehr große Gemeinschaft, es ist keine der großen, etablierten Kirchen gewesen, die sich hier zu Wort meldet. Die böhmischen Brüder kamen von Johann Hus her, dem Vorreformator, der 100 Jahre vor Martin Luther auf dem Scheiterhaufen in Konstanz starb. Es waren Vorläufer und Begleiter der Reformation. Sie wollten leben wie die frühe Christenheit, nach den Worten Jesu Christi: in Bruderschaften, in einer wahrhaftigen, aufrichtigen Gemeinschaft. Weltliche Macht sollte bei ihnen keine Geltung haben, wohl aber das Vorbild Christi. Sie nahmen die Bergpredigt ernst; sie lehnten den Kriegsdienst ab, sie stellten die Standesunterschiede zwischen den Menschen in Frage. Dabei schlossen sie sich aber nicht von der Welt ab. Sie fragten: Welche Aufgaben stellt uns Jesus Christus **heute** - in unserer Zeit, in unserer Welt? Sie beschäftigten sich nach einer mehr zurückgezogenen Anfangszeit auch mit den Wissenschaften und besonders mit Erziehungsaufgaben. Ihr letzter Bischof - Johann Amos Comenius - ist eigentlich der erste große Pädagoge der Neuzeit.

Selten wurden die böhmischen Brüder wirklich geduldet, oft verfolgt, schließlich waren sie der Gegenreformation weitgehend erlegen, wurden besonders nach dem schlimmen 30jährigen Krieg unterdrückt und zerstreut - ähnlich den Waldensern in Italien, den Hugenotten in Frankreich. - Oft haben sich die böhmischen Brüder deshalb gesehen wie das Volk Israel, als es im babylonischen Exil war: in der Fremde, verlassen, verachtet, verspottet - und doch von Gottes Verheißungen getragen, wie auch in unserem Lied.

Viele von uns sind mit den böhmischen Brüdern und ihrer Geschichte verbunden durch die Herrnhuter Losungen: Die Herrnhuter kommen von den böhmischen Brüdern her und losen noch heute wie sie für jeden Tag des Jahres Bibelworte aus, die von ungezählten Christen rund um den Erdball täglich gelesen, gebetet und bedacht werden.

Aber nicht nur die Losungen gehen auf die böhmischen Brüder zurück. Die böhmischen Brüder sind in vieler Hinsicht auch die "Vorsänger" der Reformation gewesen. In ihrem Gesangbuch von 1544, dem auch unser Choral entnommen ist, standen nicht weniger als 482 Lieder, und zwar ausdrücklich unter der Überschrift: "Lieder zum Lobe Gottes".

Eine kleine Gemeinschaft, vielfach verfolgt und bedroht, lobt Gott! Dabei lebt sie täglich mit den Worten der Bibel, gewinnt aus ihnen Mut und Kraft und gestaltet aus ihnen ihren Lobgesang.

V. 1 *Lob Gott getrost mit Singen, frohlock du christlich Schar!* Wenn wir jetzt den Strophen unseres Liedes nachgehen, merken wir gleich: Hier singt die

Gemeinschaft der Brüder, und doch ist auch jeder einzelne angesprochen. Jeder wird aufgerufen einzustimmen. Es ist kein leichtsinniges, sondern - wie es heißt - ein **getrostes** Singen, und es wird gleich gesagt, warum die christliche Schar getrost, getröstet sein kann.
Gott selbst ist es, der ihr hilft, der ihr beisteht. Daß er es ist, ohne alle Einschränkungen, das zieht sich wie ein roter Faden durch das ganze Lied. - Die Not ist nicht vergessen, aber das Lob geht ihr voran: *Ob du gleich hier mußt tragen viel Widerwärtigkeit...* - Wir könnten sagen: "Ob du gleich hier mußt tragen Verfolgung, Isolation, Verleumdung, Krieg und Streit..." - *noch sollst du nicht verzagen; er hilft aus allem Leid.* Alles Leid wird hier gleichsam weggesungen.

V. 2 Die 2. Strophe beginnt erneut mit einem Blick auf Gott, auf das, was er mit der Gemeinschaft der christlichen Brüder, ja mit jedem einzelnen im Sinn hat:
Dich hat er sich erkoren,/ durch sein Wort auferbaut,/ bei seinem Eid geschworen... - Gleich dreimal wird betont, was Gott getan hat, so als könnte man es nicht genug unterstreichen: gerade die, die klein, arm, verlassen erscheinen, hat Gott sich ausgewählt; ihnen gilt sein Wort, das sie stärkt und tröstet, ihnen hat er sich verschworen, sie will er pflegen, für sie will er sorgen in aller Angst und Not, - ihre Feinde, die sie schmähen und verspotten, sollen keine Macht mehr haben. Daß die Feinde überwunden werden, heißt nun nicht, daß sie vernichtet werden. Wenn die böhmischen Brüder ihre mächtigen Feinde vor Augen haben, blicken sie vielmehr immer auf Jesus, wie auch er den Feinden ausgeliefert war, wie er Verfolgung, Hohn und Spott erlitten hat - und schließlich die Feindschaft überwand, indem er noch am Kreuz für seine Feinde betete. - Dieser Gott, wie er in Jesus auch den Verhärtetsten und Bösesten liebevoll entgegentritt, ist der Gott, der auch die schwachen Brüder pflegt und tröstet.

V. 3 In der 3. Strophe wird dieser Gedanke fortgesetzt mit einem besonders innigen Bild menschlicher Gemeinschaft: dem Bild von Mutter und Kind. - Bei der Mutter findet das Kind Geborgenheit, Liebe und Schutz: eine Mutter kann doch ihr Kind nicht verstoßen! Aber selbst, wenn das Unfaßbare geschähe: Bei Gott gibt es diese Begrenzung nicht. Geborgenheit, Liebe, Schutz - bei ihm sind sie unendlich da, sind sie ewig da.

V. 4 Darum - so heißt es in der 4. Strophe - soll sich die christgläubige Schar nicht schrecken lassen: Gott selbst tritt als ihr Helfer und Tröster auf. Seine wichtigste Hilfe ist nun aber nicht, daß er sie von materieller Not befreit, sondern daß er sie von Sünden erlöst! Der eigentliche und zentrale Trost ist, daß wir selbst mit unseren Fehlern und Schwächen nicht alleingelassen werden, daß Gott uns trotz unserer Hartherzigkeit und Lieblosigkeit immer wieder liebevoll anschaut. Er macht uns frei davon, nur auf uns selbst und nicht auf ihn und seine Gebote zu blicken.

Das heißt aber auch: Christen können das Böse nicht einfach auf andere schieben, sie können sich nicht damit entschuldigen, daß die Welt so schlecht ist: Bei ihnen selbst muß die Erneuerung anfangen!

V. 5 Daß Gott selbst dieses Werk anfängt, das ist die Verheißung der 5. Strophe. Die böhmischen Brüder waren hierbei von einer Hoffnung beseelt, wie sie alle Reformatoren bewegte: Die Kirche war damals an vielen Stellen in einem jämmerlichen Zustand, mit weltlichen Intrigen, politischer Macht, Ausbeutung von Armen verquickt, so daß man von Christus in ihr oft wenig erkennen konnte.

Wir unsererseits werden uns heute vor Augen halten, wie kraftlos die Kirche an vielen Stellen offenbar geworden ist: daß es ihr z. B. nicht gelingt, den weitgehenden Verfall von Familienmoral aufzuhalten, daß sie nur wenig Erfolg damit hat, den Brutalisierungen etwa durch Gewaltvideos entgegenzuwirken, daß es ihr - trotz vieler guter Bemühungen - nur begrenzt möglich ist, dem Glauben in der mittleren und jungen Generation in größerer Breite einen lebendigen Ort zu verschaffen.

Die böhmischen Brüder hofften darauf, daß Gott selbst die Kirche neu macht, ihr eine neue Gestalt gibt: nicht eine triumphale Kirche, die sich Macht und Herrschaft anmaßt, sondern eine Kirche, die aus ihrer Mitte heraus lebt: eine herrlich aufgebaute Kirche, das ist eine Kirche, die auf das Wort Gottes hört, die es unbeirrt und unüberhörbar ausrichtet, auch gegen die herrschende Moral der Zeit, die sichtbar nach ihm lebt - es ist eine Kirche, die das Sakrament ernst nimmt, besonders das Abendmahl, das uns mit dem Werk Christi und miteinander verbindet.

V. 6 Alle Liedstrophen münden schließlich wieder in das Lob Gottes: Wer Gott lobt, der blickt aus Jammer und Elend heraus, wer Gott lobt, der läßt sich nicht lähmen von einer gefährlichen Zeit und den vermeintlichen Sachzwängen, die es gibt, wer Gott lobt, der ist ein freier und dankbarer Mensch; denn er weiß, daß Gott sich selbst uns geschenkt hat. Seine *milden Gaben*, wie es so schön heißt: das sind seine Worte, seine Gebote, das ist er selbst, wie er in Jesus zu uns gekommen ist. Die große Hoffnung aber, die daraus erwächst, ist die, daß Gott seine Kirche erhalten wird in *Lieb und Einigkeit*: Liebe und Einigkeit - das ist

das Gegenteil von Haß und Zerstrittenheit. Eine Kirche, in der Liebe und Einigkeit herrscht, kann ein Zeichen sein für die Welt, die nur dann weiterexistieren wird, wenn Haß und Zerstrittenheit in ihr abnehmen, Verständnis füreinander und Verbundenheit miteinander zunehmen und wachsen.
Es ist in der Geschichte der böhmischen Brüder bewegend zu sehen, wie sie diesen ökumenischen Gedanken der weltweiten Verbundenheit immer wieder belebt haben trotz der Bedrückungen, die sie erfuhren, trotz der Zerstreuung, die ihnen von allem das Ende des schrecklichen 30jährigen Krieges erbrachte.
Es ist vielleicht das wichtigste Erbe ihres Lobens Gottes, daß heute so viele Gruppen und Menschen auf der Erde wie noch nie in der Geschichte beharrlich an der Aufgabe weltweiten Verstehens und weltweiter Gemeinschaft arbeiten.

Ein bewegendes Beispiel hierfür habe ich vor wenigen Wochen erlebt, als ich eingeladen war zur europäischen Zusammenkunft der Weltkonferenz der Religionen für den Frieden. Es waren 110 Gläubige aus 16 verschiedenen Ländern und 7 verschiedenen Religionen zusammengekommen, und zwar in Rovereto in Norditalien. Diese kleine Stadt an der Etsch ist bestimmt von einem besonders eindrücklichen Friedensmahnmal: Auf einem Berg über der Stadt und über dem Etschtal, durch das viele Kriegszüge der Geschichte gegangen sind, hängt dort die größte Glocke der Welt. Sie ist zusammengeschmolzen aus den Kanonen des 1. und 2. Weltkrieges. Ein Priester aus Rovereto hat über Jahre hinweg für diese Idee geworben und erreicht, daß die verschiedenen Völker Kanonen, die sie im Krieg gegeneinander gerichtet hatten, für diese Glocke zur Verfügung stellten. Täglich läutet nun diese Glocke über das weite Tal hinweg für die Gefallenen aller Kriege.
Dort also versammelten wir uns - nicht nur zu Gesprächen über den Frieden, sondern auch zu Gebeten: eine Inderin, die jetzt in Deutschland lebt, die als Kind aber noch Gandhi erlebte und ganz seinen gewaltlosen Weg zum Frieden weitergehen will, ein Bischof aus Moskau, der beim Ökumenischen Rat der Kirchen in Genf die Frömmigkeit und die tiefe Friedenssehnsucht der orthodoxen Kirche vertritt, eine jüdische Journalistin aus Rom, die am Freitag abend das Sabbatlicht entzündete, das den Friedenstag Gottes einleitet, eine buddhistische Vietnamesin, die jetzt in München lebt und dort das Haus der deutsch-asiatischen Begegnung leitet.
Eine kleine, politisch nicht sonderlich einflußreiche Gruppe, getrieben aber von dem Glauben und der Erwartung, daß aus dem Lob Gottes Liebe und Einigkeit erwachsen können über Grenzen und Gräben hinweg, und daß er es ist, der freundlich über uns walten will. - Wir Christen aber waren dabei vor allem bestimmt von der Botschaft, die in der Mitte des Himmelfahrtsfestes steht: daß

nämlich die Macht Jesu, die Macht dessen, der gelitten hat, der auferstanden ist und der jetzt bei Gott ist, größer ist als alles neue menschliche Versagen und Verschulden, und daß er mit seiner Liebe da sein will für uns und für die ganze Welt - hier und in Ewigkeit.
Amen.

Geh aus, mein Herz, und suche Freud

503

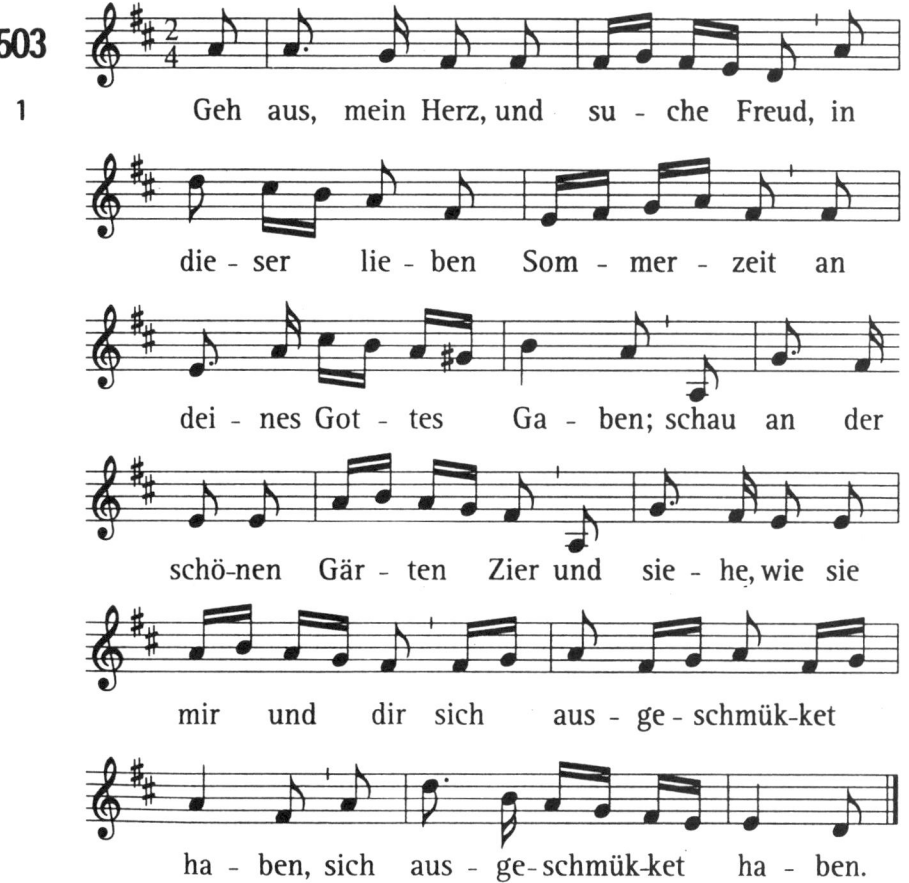

1 Geh aus, mein Herz, und su-che Freud, in die-ser lie-ben Som-mer-zeit an dei-nes Got-tes Ga-ben; schau an der schö-nen Gär-ten Zier und sie-he, wie sie mir und dir sich aus-ge-schmük-ket ha-ben, sich aus-ge-schmük-ket ha-ben.

2 Die Bäume stehen voller Laub, / das Erdreich decket seinen Staub / mit einem grünen Kleide; / Narzissus und die Tulipan, / die ziehen sich viel schöner an / als Salomonis Seide, / als Salomonis Seide.

Matthäus 6, 28.29

3 Die Lerche schwingt sich in die Luft, / das Täublein fliegt aus seiner Kluft / und macht sich in die Wälder; / die hochbegabte Nachtigall / ergötzt und füllt mit ihrem Schall / Berg, Hügel, Tal und Felder, / Berg, Hügel, Tal und Felder.

4 Die Glucke führt ihr Völklein aus, / der Storch baut und bewohnt sein Haus, / das Schwälblein speist die Jungen, / der schnelle Hirsch, das leichte Reh / ist froh und kommt aus seiner Höh / ins tiefe Gras gesprungen, / ins tiefe Gras gesprungen.

5 Die Bächlein rauschen in dem Sand / und malen sich an ihrem Rand / mit schattenreichen Myrten; / die Wiesen liegen hart dabei / und klingen ganz vom Lustgeschrei / der Schaf und ihrer Hirten, / der Schaf und ihrer Hirten.

6 Die unverdroßne Bienenschar / fliegt hin und her, sucht hier und da / ihr edle Honigspeise; / des süßen Weinstocks starker Saft / bringt täglich neue Stärk und Kraft / in seinem schwachen Reise, / in seinem schwachen Reise.

7 Der Weizen wächset mit Gewalt; / darüber jauchzet jung und alt / und rühmt die große Güte / des, der so überfließend labt / und mit so manchem Gut begabt / das menschliche Gemüte, / das menschliche Gemüte.

8 Ich selber kann und mag nicht ruhn, / des großen Gottes großes Tun / erweckt mir alle Sinnen; / ich singe mit, wenn alles singt, / und lasse, was dem Höchsten klingt, / aus meinem Herzen rinnen, / aus meinem Herzen rinnen.

9 Ach, denk ich, bist du hier so schön / und läßt du's uns so lieblich gehn / auf dieser armen Erden: / was will doch wohl nach dieser Welt / dort in dem reichen Himmelszelt / und güldnen Schlosse werden, / und güldnen Schlosse werden!

10 Welch hohe Lust, welch heller Schein / wird wohl in Christi Garten sein! / Wie muß es da wohl klingen, / da so viel tausend Seraphim / mit unverdroßnem Mund und Stimm / ihr Halleluja singen, / ihr Halleluja singen.

11 O wär ich da! O stünd ich schon, / ach süßer Gott, vor deinem Thron / und trüge meine Palmen: / so wollt ich nach der Engel Weis / erhöhen deines Namens Preis / mit tausend schönen Psalmen, / mit tausend schönen Psalmen.

12 Doch gleichwohl will ich, weil ich noch / hier trage dieses Leibes Joch, / auch nicht gar stille schweigen; / mein Herze soll sich fort und fort / an diesem und an allem Ort / zu deinem Lobe neigen, / zu deinem Lobe neigen.

13 Hilf mir und segne meinen Geist / mit Segen, der vom Himmel fleußt, / daß ich dir stetig blühe; / gib, daß der Sommer deiner Gnad / in meiner Seele früh und spat / viel Glaubensfrüchte ziehe, / viel Glaubensfrüchte ziehe.

14 Mach in mir deinem Geiste Raum, / daß ich dir werd ein guter Baum, / und laß mich Wurzel treiben. / Verleihe, daß zu deinem Ruhm / ich deines Gartens schöne Blum / und Pflanze möge bleiben, / und Pflanze möge bleiben.

15 Erwähle mich zum Paradeis / und laß mich bis zur letzten Reis / an Leib und Seele grünen, / so will ich dir und deiner Ehr / allein und sonsten keinem mehr / hier und dort ewig dienen, / hier und dort ewig dienen.

Text: Paul Gerhardt 1653. Melodie: August Harder vor 1813

Predigt am Gemeindefest (10. Juli 1988)
über das Lied
"Geh aus, mein Herz, und suche Freud"
von Paul Gerhardt (1653)
EG 503

Liebe Gemeinde! "Geh aus mein Herz und suche Freud" - Wir haben die ersten drei Strophen dieses Liedes gesungen, und die Kinder aus unserem Kindergarten haben dazu einen bunten Zaun um den Baum gestellt, der heute unseren Altar schmückt.
"Geh aus, mein Herz, und suche Freud..." - Das ist eine Botschaft für uns, für unser Gemeindefest heute, für jung und alt, für Bläser und Sänger, für Väter und Mütter, für die Mitarbeiter in der Gemeinde, für die Kirchenvorsteher, die Pastoren, für die Jugendlichen, die Kindergottesdienstkinder und eben auch für die Kinder des Kindergartens.
Wir wollen diese Botschaft miteinander wahrnehmen: sie singen und musizieren, sie betrachten und genauer darüber nachdenken.
"Geh aus mein Herz..." - Wir werden losgeschickt, mit unseren Herzen die Freude zu suchen. Dazu schlägt Paul Gerhardt, der Dichter unseres Liedes, das ganze Bilderbuch der Natur vor uns auf: Alles, was in diesem einzigartigen Bilderbuch zu finden ist, ist für ihn eine Gabe Gottes.
Damit weist Paul Gerhardt auf das wichtigste gleich am Anfang hin: Die Menschen können Bäume und Blumen pflanzen und gießen, sie können auch Tiere pflegen und züchten, aber sie können sie nicht erschaffen. Alles, was wir finden können an Leben und Wachsen um uns, an Buntheit, an Duft und an Blühen, an Singen und Jubilieren, das verdanken wir nicht uns selbst, das ist uns vielmehr geschenkt, das ist angelegt in der Schöpfung und hat sich in vielen, vielen Millionen Jahren entfaltet bis zu diesem Sommer hin, den wir erleben dürfen bis zum heutigen Tag.
Deswegen wollen wir heute die Einladung von Paul Gerhardt annehmen, wollen unser Herz die Freude suchen lassen; und unsere Augen, mit denen wir schauen können, unsere Ohren, mit denen wir hören können, unser Mund, mit dem wir singen können, sollen uns dabei helfen.
Schau an der schönen Gärten Zier und siehe, wie sie mir und dir sich ausgeschmücket haben:
Ich finde, dieser Aufruf paßt ganz besonders gut für uns hier in Zabo: Da gibt es doch viele hundert Gärten vor und hinter unseren Häusern: manche ganz sauber und abgezirkelt, manche wildblumig und mit Büschen und Bäumen. Wie gut, daß

sie nicht alle einheitlich sind! Wenn wir mit offenen Augen durch unsere Straßen gehen, dann müssen wir uns einfach erfreuen an der Vielfalt, die wir hier einer dem andern bereiten können, und sicher können wir uns oft gegenseitig beraten, wie wir am besten schonend mit unserem Boden und seinen Gewächsen umgehen.

Im 2. Vers wendet sich Paul Gerhardt dann den Bäumen und Blumen zu, wie sie uns die Kindergartenkinder schon so schön hierher gestellt haben. Die Bilder mit den blauen und roten und gelben Kelchen und Blüten sind ein Abglanz der Blumenpracht dieses Sommers, und Paul Gerhardt sagt zurecht von Tulpen und Narzissen: So schön wie sie kann sich nicht einmal ein König anziehen!

In der 3. Strophe wendet Paul Gerhardt den Blick nach oben, zu den Vögeln, die sich über den Blumen, den Wäldern, den Feldern erheben. Das Bild mit der Taube weist uns darauf hin. - Wer einmal die Lerche hat jubilieren hören oder wer in einer stillen Nacht der Nachtigall lauschen konnte, der weiß, wie viel Wunderbares in diesen kleinen Kreaturen steckt, und er wird all die stärken und unterstützen, die dafür kämpfen, daß uns diese vielfältige, bunte, klangvolle Vogelwelt erhalten bleibt. Berg, Hügel, Tal und Felder: Sie alle leben vom Gesang der kleinen Kehlen, die mit ihrem Lied den preisen, der ihnen ihr Leben geschenkt hat.

Bevor wir nun unser Herz und unseren Blick weiterwandern lassen, wollen wir die Strophen 4-8 singen.

Wie wir alle sehen, ist unser Baum jetzt noch viel bunter geschmückt. Die Kinder des Kindergottesdienstes haben zu den Strophen 4, 5, 6 und 7 unseres Liedes Bilder gemalt:

Das erste Bild ist besonders abwechslungsreich: Es zeigt die Glucke und ihr Völkchen, den Storch, die Schwalbe und - was ja nicht eben leicht zu malen ist - Hirsch und Reh. Paul Gerhardt beschreibt, wie es den Tieren geschenkt ist, daß sie wissen, wie sie für sich und ihre Jungen sorgen müssen; und er schildert, wie sie sich - auch wenn sie nicht wie Menschen planen und denken können - doch sichtlich freuen können, springen und singen können, wenn sie die Sonne, den Sommer und alles Schöne um sich erleben.

Wie wichtig ist es da, daß die Menschen ihnen dieses Schöne erhalten helfen, eine bunte Flur in Feld, Wald, und Wiese, und daß sie nicht den Lebensraum vieler Tiere immer mehr einengen! Sicher tut hier auch eine Gruppe wie unser Geflügelzuchtverein in Zabo eine wichtige Arbeit, wenn sie - hier am Rande der Stadt - Hähnen und Hennen, Glucken und Kücken einen Lebensraum gibt.

Das nächste Bild zeigt einen Bach, der mitten durch eine bunte Wiese fließt, mit vielen Schafen, mit Hirten und mit bunten Blumen. Es ist ein besonders helles, fröhliches Bild. - Ich glaube, daß Paul Gerhardt bewußt vom fröhlichen Singen und Klingen auf den Wiesen schreibt. Als er nämlich dieses Lied dichtete - im Jahr 1653, wie es unter der letzten Strophe steht -, da war der schreckliche 30jährige Krieg gerade 5 Jahre vorbei, der Krieg, in dem ganz Deutschland verwüstet wurde, ganze Gegenden entvölkert und fast alle Felder und Wiesen brach lagen. Paul Gerhardt hat es als unverdientes Gottesgeschenk erfahren, daß nach all dem Schrecken Leben ins Land zurückgekehrt ist, daß Felder wieder bewirtschaftet werden konnten, Wiesen wieder wuchsen, Schafe und Hirten sich am Sommer freuen konnten.

Und das gleiche gilt für das, was wir auf dem nächsten Bild sehen: Da ist ein großer Bienenkorb, umschwärmt von Bienen, und daneben ein Weinstock, mit einer schönen großen blauen Traube. - Auch die Bienen sind ja in Zabo zu Hause, und wenn im Frühjahr als erstes der Kätzchenbaum hinter unserem Haus blüht, dann summt es darin von dem unermüdlichen, fleißigen Bienenvolk. Wer ein wenig weiß, wie urlange schon Bienen auf der Erde sind - viel länger als die Menschen - und Jahr für Jahr nach ihren eigenen, ganz komplizierten Gesetzen ihr Werk tun, der kann nur staunen, was Gott alles an Wunderbarem in die Schöpfung hineingelegt hat.

Das Bild für die 7. Strophe zeigt uns den reifen, gelben Weizen auf dem Feld, aus dem das Brot gebacken wird, das wir zum täglichen Leben brauchen. Es zeigt aber auch einige fröhliche Tänzerinnen und Tänzer, die darüber jauchzen, daß uns das, was wir zum täglichen Leben brauchen, noch immer wieder gewährt wird. Vielleicht haben die Kinder dabei auch an all die gedacht, die heute zu unserem Gemeindefest kommen und sich mit uns freuen, mit uns singen und tanzen wollen, und damit, wie es im Lied heißt, die Güte Gottes rühmen, der uns genug gibt, daß wir essen und trinken, froh sein und uns kleiden können, ja, so viel, daß wir eigentlich immer auch noch denen etwas weitergeben können, die bedürftiger sind als wir - und die, wie in der Regensburger Straße und in der Schloßstraße, oft gar nicht weit entfernt von uns wohnen.

Der Vers 8 faßt dann alles zusammen, was bisher geschildert und besungen wurde: Wer seine Augen bewußt aufmacht und alle Schönheiten des Sommers sieht und wahrnimmt, der **muß** Gott preisen:

Ich selber kann und mag nicht ruhn, des großen Gottes großes Tun erweckt mir alle Sinnen; ich singe mit, wenn alles singt, und lasse, was dem Höchsten klingt, aus meinem Herzen rinnen.

Alle die Schönheiten, die es zu entdecken gibt, stehen nicht für sich, sie weisen vielmehr auf Gott hin, ja - und das zeigen die folgenden Strophen - sie müssen zum Gleichnis für etwas noch viel Schöneres und Höheres werden - nämlich zum

Gleichnis für die himmlische Heimat. Dazu wollen wir jetzt die nächsten vier Strophen singen, die Verse 9-12, und zwar im Wechsel (Vers 9: Kinder/Jugendliche mit den Oberstimmen des Posaunenchores; Vers 10: Männer mit den Unterstimmen des Posaunenchores; Vers 11: Frauen; Vers 12: alle zusammen).

Wenn Paul Gerhardt in den Strophen, die wir eben gesungen haben, seinen Blick von der Erde auf den Himmel lenkt, dann wird damit das, was er in den ersten sieben Strophen an irdischen Schönheiten geschildert hat, nicht etwa abgewertet. Sie werden auch nicht nebensächlich. Sie werden aber von einem viel weiteren, umfassenden Blickpunkt aus gesehen: Sie weisen über sich hinaus auf den Schöpfer, von dem alle Schönheit kommt, und zu dem sie einmal zurückkehren wird.

Aus den vielen Gedanken und Bildern, die dieses Lied besonders noch in seiner zweiten Hälfte darbietet, will ich für uns nun noch drei auswählen, über die es sich besonders nachzudenken lohnt:
1. Das Ziel unseres Lebens: es liegt nicht in dieser Welt, sondern in Gottes ewiger Welt, dort, wo Gottes Freude und Liebe ihre endgültige Erfüllung finden.
2. Die Erde, auf der wir leben, wird darüber nicht unwichtig, sondern sie erhält eine ganz wesentliche Aufgabe: Sie soll ein Gleichnis des Himmelreiches bleiben.
3. Unser Leben hat auf dieser Erde seinen Ort, aber es soll hier schon erfüllt werden von dem Geist Gottes, damit es hinwachsen kann auf Gottes Ziel, auf das Himmelreich als den Ort seiner ewigen Freude.

Zunächst zu dem ersten: Das Ziel unseres Lebens liegt nicht in dieser Welt, sondern dort, wo Gottes Freude und Liebe ihre endgültige Erfüllung finden.
Es ist gut, sich dieses vor Augen zu führen: Nicht das, was wir leisten können, nicht das, was uns heute und morgen gelingt, ist das Ziel unseres Lebens, sondern unser Leben soll zu dem zurückkehren, von dem es geschaffen ist. Und dieses Ziel ist viel umfassender und viel schöner, als wir es uns vorstellen können: ein ganz anderes Singen und Klingen, als wir es mit unseren Posaunen erzeugen können, ein ganz anderes Dasein von Gottes Freude und Liebe soll dort spürbar werden, und das besonders für alle, die hier unter ihres Leibes Joch - wie es in Vers 12 heißt - also unter Krankheit, Not und Angst zu leiden haben. Es ist gut, diese Blickrichtung zu behalten, wenn wir vom Sonntag in den Alltag zurückkehren: in Schule, Universität, Betrieb, Verwaltung, ins Wohnstift, in unser Haus - wenn die Pflichten den Tageslauf bestimmen, alle Aufgaben, die

auf uns warten. Das andere Ziel, von dem wir wissen, soll uns einen weiteren Blick geben, soll uns darüber hinausschauen lassen. - Das wird uns dann auch besser gelingen können, wenn wir - wie heute - Zeit zum Gotteslob, Zeit zum Singen, zum Feiern, zum Spielen und zum Tanzen gehabt haben, und wenn wir die Herrlichkeit dieser Sommerzeit bewußt wahrgenommen haben.

Damit hängt nun auch das zweite zusammen:
Die Erde soll ein Gleichnis des Himmelreiches bleiben!
Wir alle sind froh darüber, so viel an Grün, an Blumen, an guter Luft um uns zu haben. - Und doch wissen wir, an wie vielen Stellen die Erde bedroht ist, und zwar nicht durch unabwendbare Katastrophen, sondern durch menschliche Ausbeutung und Gedankenlosigkeit:
wie selten sich noch die Lerche in die Luft schwingt, an wie vielen Stellen keine Bächlein in den Sand rauschen, wie die Wüsten sich ausdehnen, wie bedroht der Wald ist. Und daß trotz aller Bedrohungen Menschen sich dem Genußrausch hingeben, der Verschwendung der Güter dieser Erde, statt an der Aufgabe der Bewahrung des Lebens und der Schöpfung konsequent zu arbeiten.
Unser Lied leitet uns demgegenüber zuerst und vor allem dazu an, die Erde mit bewußten Augen zu sehen, an Gottes Schöpfung nicht gedankenlos vorbeizujagen, uns mit Freude allem Geschaffenen zuzuwenden. Das soll uns - jeden an seinem Platz - dazu bringen, sorgsam mit Feld, Wald und Wiesen, mit Nahrung, Energie, Luft und Wasser umzugehen - unseren Körper und unsere Welt nicht unnütz zu belasten, und den Lebensraum der nichtmenschlichen Schöpfung zu achten und zu pflegen.

Der dritte Gedanke ist: Unser Leben soll hinwachsen auf Gottes Ziel. Auch hierzu nimmt Paul Gerhardt die Natur als Gleichnis; Vers 14: *Mach in mir deinem Geiste Raum, daß ich dir werd ein guter Baum, und laß mich Wurzel treiben. Verleihe, daß zu deinem Ruhm ich deines Gartens schöne Blum und Pflanze möge bleiben.*

Daß Gott in uns Raum schafft für seinen Geist, das ist die wichtigste Grundlage dafür, daß unser Leben auf das Ziel Gottes hinwächst.
Wir sehen daraus:
Wir sind nicht fertig so, wie wir sind; wir sind nicht am Ende mit Wachsen und mit Lernen, gleich, ob wir in den Kindergarten gehen, an der Universität arbeiten oder im Wohnstift wohnen. Gottes Geist soll immer neu und immer mehr Raum in uns finden:

Gottes Geist der Freundlichkeit,
Gottes Geist der Achtsamkeit,
Gottes Geist der Phantasie für alle Menschen, denen wir begegnen;
Dieser Geist soll in uns stark werden
gegen den Geist der Verdrossenheit,
gegen den Geist der Unachtsamkeit,
gegen den Geist der Phantasielosigkeit.

Heidi und Jörg Zink erzählen eine nachdenkenswerte kleine Geschichte dazu ("Wie Sonne und Mond einander rufen". Gespräche und Gebete mit Kindern. Stuttgart/Kreuz 1980, S. 90):

Zwei wanderten in die Berge.
Als sie zurückkamen,
wurden sie gefragt:
"Was habt ihr gesehen? Erzählt!"

Da sagte der eine:
"Ach, was schon? Berge, Bäume,
Wiesen, Bäche, blauen Himmel
und Sonnenschein."

Der andere sagte:
"Oh! Berge und Bäume,
Wiesen und Bäche,
blauen Himmel
und Sonnenschein!"

Diese Stunde des Gotteslobes in unserer schönen Kirche, dieser Tag des Gemeindefestes soll uns die Augen öffnen, so sehen zu lernen wie der zweite der beiden Wanderer. Und wir wollen nachdenken darüber, wie auch in jedem unserer Alltage Besinnung, Erholung und Gotteslob Platz finden können, und wir wollen Gott darum bitten, daß er in uns dazu immer neu seinem Geist Raum schafft.
Amen.

Sollt ich meinem Gott nicht singen

1. Sollt ich meinem Gott nicht singen? Sollt ich ihm nicht dankbar sein? Denn ich seh in allen Dingen, wie so gut er's mit mir mein'. Ist doch nichts als lauter Lieben, das sein treues Herze regt, das ohn Ende hebt und trägt, die in seinem Dienst sich üben. Alles Ding währt seine Zeit, Gottes Lieb in Ewigkeit.

2. Wie ein Adler sein Gefieder / über seine Jungen streckt, / also hat auch hin und wieder / mich des Höchsten Arm bedeckt, / alsobald im Mutterleibe, / da er mir mein Wesen gab / und das Leben, das ich hab / und noch diese Stunde treibe. / Alles Ding währt seine Zeit, / Gottes Lieb in Ewigkeit.

3. Sein Sohn ist ihm nicht zu teuer, / nein, er gibt ihn für mich hin, / daß er mich vom ewgen Feuer / durch sein teures Blut gewinn. / O du unergründ'ter Brunnen, / wie will doch mein schwacher Geist, / ob er sich gleich hoch befleißt, / deine Tief ergründen können? / Alles Ding währt seine Zeit, / Gottes Lieb in Ewigkeit.

4 Seinen Geist, den edlen Führer, / gibt er mir in seinem Wort, / daß er werde mein Regierer / durch die Welt zur Himmelspfort; / daß er mir mein Herz erfülle / mit dem hellen Glaubenslicht, / das des Todes Macht zerbricht / und die Hölle selbst macht stille. / Alles Ding währt seine Zeit, / Gottes Lieb in Ewigkeit.

5 Meiner Seele Wohlergehen / hat er ja recht wohl bedacht; / will dem Leibe Not entstehen, / nimmt er's gleichfalls wohl in acht. / Wenn mein Können, mein Vermögen / nichts vermag, nichts helfen kann, / kommt mein Gott und hebt mir an / sein Vermögen beizulegen. / Alles Ding währt seine Zeit, / Gottes Lieb in Ewigkeit.

6 Himmel, Erd und ihre Heere / hat er mir zum Dienst bestellt; / wo ich nur mein Aug hinkehre, / find ich, was mich nährt und hält: / Tier und Kräuter und Getreide; / in den Gründen, in der Höh, / in den Büschen, in der See, / überall ist meine Weide. / Alles Ding währt seine Zeit, / Gottes Lieb in Ewigkeit.

7 Wenn ich schlafe, wacht sein Sorgen / und ermuntert mein Gemüt, / daß ich alle liebe Morgen / schaue neue Lieb und Güt. / Wäre mein Gott nicht gewesen, / hätte mich sein Angesicht / nicht geleitet, wär ich nicht / aus so mancher Angst genesen. / Alles Ding währt seine Zeit, / Gottes Lieb in Ewigkeit.

8 Seine Strafen, seine Schläge, / ob sie mir gleich bitter seind, / dennoch, wenn ich's recht erwäge, / sind es Zeichen, daß mein Freund, / der mich liebet, mein gedenke / und mich von der schnöden Welt, / die uns hart gefangen hält, / durch das Kreuze zu ihm lenke. / Alles Ding währt seine Zeit, / Gottes Lieb in Ewigkeit.

9 Das weiß ich fürwahr und lasse / mir's nicht aus dem Sinne gehn: / Christenkreuz hat seine Maße / und muß endlich stillestehn. / Wenn der Winter ausgeschneiet, / tritt der schöne Sommer ein; / also wird auch nach der Pein, / wer's erwarten kann, erfreuet. / Alles Ding währt seine Zeit, / Gottes Lieb in Ewigkeit.

10 Weil denn weder Ziel noch Ende / sich in Gottes Liebe find't, / ei so heb ich meine Hände / zu dir, Vater, als dein Kind, / bitte, wollst mir Gnade geben, / dich aus aller meiner Macht / zu umfangen Tag und Nacht / hier in meinem ganzen Leben, / bis ich dich nach dieser Zeit / lob und lieb in Ewigkeit.

Text: Paul Gerhardt 1653
Melodie: Johann Schop 1641

Predigt am 2. Sonntag nach Trinitatis (4. Juni 1989)
über das Lied
"Sollt ich meinem Gott nicht singen"
von Paul Gerhardt (1653)
EG 325

Liebe Gemeinde! Daß die Evangelische Kirche eine singende Kirche ist: wo könnte man das intensiver erfahren als in dem Lied, dessen erste sieben Strophen wir jetzt gesungen haben: *Sollt ich meinem Gott nicht singen?* - so beginnt der Text unseres Liedes, und *Sollt ich meinem Gott nicht singen?*, das spricht auch aus der Melodie, aus dem packenden 6/4 -Takt, der eigentlich gar nicht zu einem würdigen Kirchenlied zu passen scheint, sondern den Sänger gleichsam mitreißt in das Gotteslob hinein. - Singen, Gott loben und preisen, das ist die rechte Weise, Gott gegenüberzutreten!

Paul Gerhardt, der Dichter unseres Liedes, entfaltet und begründet das in 11 Strophen, in denen er das ganze menschliche Leben in den Blick nimmt, und in denen er zeigt, wie Gottes Hilfe und Liebe überall hindringt. Paul Gerhardt schreibt durchgängig im Ich-Stil, in der ersten Person - aus seiner persönlichen Perspektive, aus seiner Glaubenserfahrung heraus. Er ist in seiner Existenz zutiefst ergriffen von dem, was er schreibt. - An seinem eigenen, persönlichen Leben erkennt er, was für christliches Leben überhaupt gilt, was ein Glaubender mit Gott erfahren kann.

V. 1 Die erste Strophe ist dabei so etwas wie die Überschrift, die Themaangabe. Und man kann an ihr besonders gut beobachten, wie hier Text und Melodie zusammenklingen. Am Anfang steht die Frage:
Sollt ich meinem Gott nicht singen?
Sollt ich ihm nicht dankbar sein?
Eine Frage, die aber eigentlich wie eine Selbstaufforderung, wie eine These vorangestellt ist: Was kann ich denn anderes tun, als Gott singen, als ihm dankbar sein! *Denn ich seh in allen Dingen, wie so gut er's mit mir mein'.*

Ähnlich steht in jeder Strophe eine Behauptung, eine These voran. Und dann wird die These jeweils entfaltet, erläutert und begründet:
Ist doch nichts als lauter Lieben,
das sein treues Herze regt,
das ohn Ende hebt und trägt,
die in seinem Dienst sich üben.

Hier geht die Melodie ruhiger, gleichmäßiger, auch der Reim wechselt und läßt die fortdauernde Liebe und Fürsorge vor dem Auge des Sängers erscheinen.
Am Schluß aber kommt der Höhepunkt, ein Gleichklang in allen Strophen, und die Melodie schwingt sich noch einmal in die Höhe, so daß dieser Refrain als die wichtigste, gewichtigste Aussage in dem ganzen Lied erscheinen muß:
Alles Ding währt seine Zeit,
Gottes Lieb in Ewigkeit.
Daß Gottes Liebe endlos ist, daß sie in Ewigkeit währt: das kann Paul Gerhardt nicht genug betonen.
Und doch ist hier vielleicht der Punkt, wo wir einhaken, wo wir zurückfragen: Was gibt Paul Gerhardt diese Gewißheit, diese geradezu jubelnde Zuversicht? Gottes Liebe - endlos, allumfassend, ewig? Alles andere demgegenüber begrenzt, an die Zeit gebunden.
Muß es uns nicht oft erscheinen, als seien eher Krieg und Not, menschliches Versagen und Leiden, Verfolgung und Hunger für viele Menschen endlos? Kann man von Gottes Liebe und Fürsorge sprechen, wenn man die Zerrissenheit zwischen manchen Völkern und in den Völkern sieht, wenn man sieht, wie Menschen unter Krankheit leiden, wieviele mit der Sorge für andere überfordert sind, und besonders wenn man an die Millionen Kinder auf der Erde denkt, die ungesund, ohne Ausbildung und Fürsorge aufwachsen müssen?

Paul Gerhardt behauptet in seinem Lied: Ja - man kann von dieser Liebe und Fürsorge Gottes reden. Man kann sagen, daß Gott die Menschen hebt und trägt, die sich in seinem Dienst üben.
Daß er das nicht leichthin sagt, können wir ihm bestimmt abnehmen. Denn die Jahreszahl unter unserem Lied weist darauf hin, was auch er selbst an Not und Leid vor Augen haben muß, als er diese Strophen schreibt. Er läßt das Lied nur fünf Jahre nach dem für die Menschen damals schier endlos scheinenden dreißigjährigen Krieg drucken. 30 Jahre Mord, Totschlag, Verwüstung ganzer Regionen in Deutschland; die Bevölkerung schmilzt von 16 auf 4 Millionen Menschen. Angesichts all dieser Not schreibt Paul Gerhardt. *Alles Ding währt seine Zeit, Gottes Lieb in Ewigkeit.* - Auch dieser schlimme Krieg konnte nicht zur Ewigkeit werden. Gottes Liebe aber kennt keine Grenzen und kein Ende.
Paul Gerhardt urteilt damit von einem Standpunkt aus, der unserer Wirklichkeit oft nicht abzulesen ist, der aber in dieser Wirklichkeit einen Halt, einen Ort, eine hilfreiche, alternative Blickrichtung darbietet. Diese Sicht ist nicht ein trotziges oder oberflächliches Dennoch; sie ist ihm vielmehr im Glauben geschenkt. Und nun kann Paul Gerhardt diese seine Gewißheit nicht vielfältig genug begründen und entfalten: In den folgenden 10 Strophen breitet er all seine theologischen

Erfahrungen, all seine Lebenserfahrungen dazu aus.
Da gehören zunächst die Strophen 2-4 zusammen, in denen Paul Gerhardt Gottes Werk beschreibt: Sein Werk als das des Schöpfers, sein Werk als das des Erlösers in Jesus Christus und sein Werk im Heiligen Geist. Es ist die Liebe des dreieinigen Gottes, die ewig ist. Und es ist die Liebe dessen, der in der ganzen weiten Welt, in dem ganzen unendlichen Kosmos mich selbst, mich persönlich in den Blick nehmen und bei mir sein will.

V. 2 *Wie ein Adler sein Gefieder über seine Jungen streckt, also hat auch hin und wieder mich des Höchsten Arm bedeckt.*
Paul Gerhardt greift in der zweiten Strophe ein altes biblisches Bild auf, ein Bild, das schon die Psalmbeter gebraucht haben, um Gottes Schutz zu beschreiben. Das Bild des kraftvollen Adlers, der doch wie eine gute Mutter all seine Kraft, seine mächtigen Flügel über die ausbreitet, die ihm anbefohlen sind.
Und dann beschreibt er Gott als den, der mich, der mein Leben geschaffen hat. Es sind Worte, aus denen das Staunen über das Leben spricht, ein Staunen, das wir immer wieder neu lernen müßten:
alsobald im Mutterleibe, da er mir mein Wesen gab und das Leben, das ich hab und noch diese Stunde treibe.
Mein Leben ist da, ich habe es nicht gemacht, es ist mir geschenkt, von den wunderbaren Anfängen im Mutterleibe an bis zu diesem Tag, dieser Stunde. Jeder Atemzug, den ich tun kann, jede Bewegung, die ich machen kann - daß ich sehen, schmecken, hören, mit anderen zusammen sein kann - ist ein Wunder der Schöpfung. Das alles ist mir gegeben - gegeben zusammen mit den Menschen, die mich begleiten: Grund zum Gotteslob, Grund, seine Liebe zu preisen.

V. 3 Das größte Geschenk der Liebe Gottes aber wird dann in der dritten Strophe beschrieben:
Sein Sohn ist ihm nicht zu teuer, nein, er gibt ihn für mich hin, daß er mich vom ewgen Feuer durch sein teures Blut gewinn.
Hier sind wir im Mittelpunkt, im Zentrum unseres christlichen Glaubens: Hier wird Gott als der gepriesen, der sich in seinem Sohn, dem Besten, was er hat, uns schenkt; er wird gepriesen als der, der sich in Jesus an unsere Seite gestellt hat: der sich der verlassenen und verlorenen Menschen angenommen hat, der im Namen Gottes die Feinde geliebt hat, ja, der sich für seine Liebe ans Kreuz schlagen ließ. Und eben dieses ist kein Geschehen in der Vergangenheit, sondern etwas, das mir persönlich, mir in meinem Leben gilt, gerade da, wo ich versagt habe, wo ich schuldig geworden bin.

Das ist ein Geheimnis, das man nicht mit dem Verstand ausschöpfen kann, das Geheimnis der unendlichen Solidarität Gottes mit uns: Gott, der sich von menschlicher Not und Schuld angreifen läßt und sie bis zur letzten Ausweglosigkeit auskostet. Das bedeutet aber, daß nun kein Elend, keine Not mehr ohne Gott, gott-los ist. Paul Gerhardt nimmt für dieses Geheimnis das Bild des tiefen, unergründeten Brunnens, den niemand wirklich ausschöpfen kann.
O du unergründ'ter Brunnen, wie will doch mein schwacher Geist,
ob er sich gleich hoch befleißt, deine Tief ergründen können?
Eben diese Liebe Gottes, die bis ins tiefste Leid hinein reicht, ist seine ewige Liebe.

V. 4 Diese Liebe zeigt sich aber auch darin, wie Gott uns täglich begleiten will:
Seinen Geist, den edlen Führer, gibt er mir in seinem Wort,
daß er werde mein Regierer durch die Welt zur Himmelspfort;
Das Wort Jesu, das Wort der Bibel ist unter uns, in ihm ist Gottes Geist lebendig - und wir können mit ihm leben, uns von ihm zum himmlischen Ziel bei Gott geleiten lassen. Der Geist Gottes bringt in unser Herz das helle Licht des Glaubens, des Vertrauens:
daß er mir mein Herz erfülle mit dem hellen Glaubenslicht,
das des Todes Macht zerbricht und die Hölle selbst macht stille.
Hier denkt Paul Gerhardt gewiß an viele Beispiele aus der Geschichte der Christenheit, bei denen Gläubige mit dem Geist und Wort Gottes den schlimmsten Mächten, ja Tod und Hölle getrotzt haben - angefangen mit den Aposteln, die wie Paulus und Silas im Kerker von Philippi mitten in der Nacht zu Gott singen und beten. Aber wir können auch an Zeugen in unserem Jahrhundert denken, wie etwa Dietrich Bonhoeffer, der in seinem Widerstand gegen das Hitlerregime zu Silvester 1944 im Gefängnis schreibt:
"Von guten Mächten wunderbar geborgen,
erwarten wir getrost, was kommen mag,
Gott ist mit uns am Abend und am Morgen
und ganz gewiß an jedem neuen Tag."
Aber ich denke, auch unter uns ist mancher, der davon erzählen könnte: Wie das Glaubenslicht im Herzen, wie ein Wort, ein Psalm in großer Not höllische Angst und Todesfurcht zum Schweigen gebracht haben.
Vielleicht denken wir - jeder von uns - noch einmal darüber nach, wenn jetzt der Posaunenchor den Choral in der musikalisch besonders schönen Fassung bläst, die Johann Sebastian Bach ihm gegeben hat. In diesem Satz kommt der tröstende, stärkende, aufrichtende Charakter unseres Liedes besonders zum Ausdruck.

Nachdem Paul Gerhardt das Wirken des dreieinigen Gottes geschildert hat, nimmt er verschiedene Bereiche seiner eigenen Lebenserfahrung in den Blick und betrachtet sie darauf hin, wie in ihnen Gottes Fürsorge sichtbar wird.

V.5 *Meiner Seele Wohlergehen hat er ja recht wohl bedacht;*
will dem Leibe Not entstehen, nimmt ers gleichfalls wohl in acht.
Wenn mein Können, mein Vermögen nichts vermag, nichts helfen kann,
kommt mein Gott und hebt mir an, sein Vermögen beizulegen.
Der ganze Mensch, mit Seele und Leib, steht unter Gottes Schutz. Das wird aber nicht nur sichtbar in starken Tagen des Lebens, in der Zeit der Gesundheit und vollen Lebenskraft, sondern gerade auch dann, wenn das eigene Können, das eigene Vermögen nicht hinreichen. Das, was Gott schenken kann, zeigen uns oft gerade Menschen, denen die Stütze der vollen Lebenskraft genommen ist. Ich denke da besonders an die Großmutter meiner Frau, die multiple Sklerose hatte und dadurch 20 Jahre an ihr Bett gefesselt war, nur ihren Kopf konnte sie schließlich noch bewegen. Und doch gab sie mit ihrem wachen Geist, ihrem klaren Blick denen, die sie besuchten, ein Stück Hoffnung, ein Stück Licht mit auf den Weg.

V. 6 Im 6. Vers lenkt Paul Gerhardt den Blick in die Schöpfung Gottes, in die ganze belebte Natur:
Himmel, Erd und ihre Heere hat er mir zum Dienst bestellt;
wo ich nur mein Aug hinkehre, find ich, was mich nährt und hält;
Tier und Kräuter und Getreide; in den Gründen, in der Höh,
in den Büschen, in der See, überall ist meine Weide.
Die ganze Welt wird vor uns ausgebreitet: das Weltall mit den Gestirnen ebenso wie die Schätze, die wir in unserer unmittelbaren Lebensumgebung finden und deren Schönheit wir in diesem herrlichen Vorsommer wieder so besonders genießen konnten. - Wir wissen, wie bedroht dies alles ist: durch menschliches Eingreifen, durch menschliche Ausbeutung: Tiere, Kräuter, Bergwälder, ja Luft und Wasser sind in großer Gefahr!
Das Lied leitet uns an, das liebevolle Auge für alles zu haben, was uns hier geboten wird, ohne daß wir es geschaffen haben, das liebevolle Auge, das zur Pflege unserer Güter und zum sorgsamen Umgang mit ihnen, zum Schonen, Schützen und Bewahren anleitet.

V. 7 Vom Wunder der Schöpfung kommt Paul Gerhardt dann zu einem neuen Wunder: dem Wunder des Schlafes, durch den wir neue Kraft und ein munteres Gemüt bekommen:

*Wenn ich schlafe, wacht sein Sorgen und ermuntert mein Gemüt,
daß ich alle liebe Morgen schaue neue Lieb und Güt.
Wäre mein Gott nicht gewesen, hätte mich sein Angesicht
nicht geleitet, wär ich nicht aus so mancher Angst genesen.*
Gerade, wer einmal mit Sorgen eine Nacht durchwacht hat, oder wer sich noch an die Bombennächte des letzten Krieges erinnert, weiß, welch unverdientes Geschenk, ja welches Wunder ein guter, tiefer, behüteter Schlaf ist. Ich denke, kaum einer von uns wird sich nicht an die Labsal eines Schlafes, einer Erneuerung nach Anstrengung, Not und Angst erinnern.
Es ist dies aber auch eine Strophe, die uns an all die denken lassen soll, die nicht ruhig schlafen können: Wieviele gibt es noch auf der Welt, die sich auch nachts vor Überfällen, Angriffen oder vor einer Geheimpolizei fürchten müssen, oder, wenn wir an unsere Umgebung denken, so manche, die von den Schmerzen einer Nacht wachgehalten werden oder von der Sorge um einen lieben Menschen. Wo wir Kraft und Zeit haben, will Gott uns da als Wächter und Helfer haben, Belasteten beizustehen, sie zu trösten, zu ermuntern und zu stärken: daß wir seine Hände, daß wir Werkzeug seiner Liebe werden.

Freilich werden wir hier auch immer wieder unsere Fehler, unsere Versäumnisse, ja unsere Sünde feststellen können und Gottes Strafen spüren.
V. 8 *Seine Strafen, seine Schläge, ob sie mir gleich bitter seind,
dennoch, wenn ichs recht erwäge, sind es Zeichen, daß mein Freund,
der mich liebet, mein gedenke und mich von der schnöden Welt,
die uns hart gefangen hält, durch das Kreuze zu ihm lenke.*
Die Schläge, die Warnungen, die wir erhalten, sollen uns nicht brechen. Sie sollen uns vielmehr aus dem, was uns an Gottes Stelle festhalten will, freimachen, sie sollen uns wieder hinführen zu ihm als der Mitte unseres Lebens.
Ähnlich hatten wohl vor mehr als 40 Jahren einige junge Männer in unserer Gemeinde gedacht: Sie waren zurückgekehrt aus dem zweiten Weltkrieg, bewahrt an Leib und Leben, und beschlossen, aus Dank dafür unseren Posaunenchor zu gründen, um Gott mit den Klängen der Choräle und schönen Bläsermusiken zu loben und zu danken. Sie haben das durch all die Jahre in großer Treue durchgehalten und sicher vielen Menschen ein frohes Glaubenslicht ins Herz gegeben. Vielleicht kann dieses Beispiel uns alle dazu anregen, darüber nachzudenken, wo wir neu freiwerden sollten von Dingen, die uns in unserer Welt verstricken wollen, fort von Gott zu den Schätzen und Ehren, die wir hier erringen können, und wie wir uns neu hinführen lassen können zu dem, der unser Leben trägt und hält.

V. 9 Im neunten Vers faßt dann Paul Gerhardt noch einmal alles, was er erfahren hat, und alles, was er hofft, in einem Vertrauensbekenntnis zusammen:
Das weiß ich fürwahr und lasse mirs nicht aus dem Sinne gehen:
Christenkreuz hat seine Maße und muß endlich stille stehn.
Wenn der Winter ausgeschneiet, tritt der schöne Sommer ein;
also wird auch nach der Pein, wers erwarten kann, erfreuet.
Hier blickt Paul Gerhardt über alle augenblickliche Not, über alles gegenwärtige Leid hinaus dahin, daß Gott uns einmal ein ganz neues, unvergleichlich schönes Leben geben will, so wie wir es uns jetzt kaum vorstellen und erahnen können. So wie auf das Kreuz Jesu der Ostermorgen folgt, nach der dunkelsten Todesnacht Jesu Sieg über Tod und Hölle, so soll es jeder, der sich von Jesus leiten läßt, erfahren: Wie ein überraschender Frühlingstag nach grauem, düsterem Winter, so wartet auf uns eine Freude, die größer ist als alles, was wir uns auf unserer Erde erdenken können.
Alles Ding währt seine Zeit, Gottes Lieb in Ewigkeit:

V. 10 In der letzten, der zehnten Strophe, wird noch einmal der Refrain jeder Strophe selbst zum Thema:
Weil denn weder Ziel noch Ende sich in Gottes Liebe findt,
ei so heb ich meine Hände zu dir, Vater als dein Kind,
bitte, wollst mir Gnade geben, dich aus aller meiner Macht
zu umfangen Tag und Nacht hier in meinem ganzen Leben,
bis ich dich nach dieser Zeit lob und lieb in Ewigkeit.
Während wir in unserem Leben immer wieder an begrenzte Ziele denken müssen, an das Ende von Lebensphasen und Lebensabschnitten, während bei uns alles seine Zeit hat: Bei Gott gibt es diese Grenzen nicht.
Und so bittet Paul Gerhardt am Schluß um die Gnade, sich immer Gott zuwenden zu können, sich als sein Kind sehen zu dürfen. Er bittet um den Ewigkeitsblick, der alles Irdische entgrenzt. Damit wird das Bemühen, Gottes Liebe hier auf Erden so vielen Menschen als nur möglich zu zeigen, in keiner Weise eingeschränkt - im Gegenteil: Wenn wir uns von einer Liebe getragen wissen, die unsere Grenzen übersteigt, muß diese Liebe eigentlich in jedem unserer Tage und durch uns zu anderen Menschen hinleuchten. Zu diesem Leuchten werden wir ermuntert und ermutigt, gerade weil nicht wir die Garanten für Gottes ewige Liebe sein müssen, sondern weil Gott selbst dafür einstehen will - Gott, der sich wie ein Vater zu uns geneigt hat, in unsere Geschichte und Grenzen hineingekommen ist und dem keiner von uns zu gering ist, als daß er nicht persönlich bei ihm sein will.
Amen.

Sonne der Gerechtigkeit

262

1. Sonne der Gerechtigkeit, gehe auf zu unsrer Zeit; brich in deiner Kirche an, daß die Welt es sehen kann. Erbarm dich, Herr.

Maleachi 3,20

2. Weck die tote Christenheit / aus dem Schlaf der Sicherheit; / mache deinen Ruhm bekannt / überall im ganzen Land. / Erbarm dich, Herr.

3. Schaue die Zertrennung an, / der kein Mensch sonst wehren kann; / sammle, großer Menschenhirt, / alles, was sich hat verirrt. / Erbarm dich, Herr.

4. Tu der Völker Türen auf, / deines Himmelreiches Lauf / hemme keine List noch Macht. / Schaffe Licht in dunkler Nacht. / Erbarm dich, Herr.

5. Gib den Boten Kraft und Mut, / Glaubenshoffnung, Liebesglut, / laß viel Früchte deiner Gnad / folgen ihrer Tränensaat. / Erbarm dich, Herr.

6. Laß uns deine Herrlichkeit / ferner sehn in dieser Zeit / und mit unsrer kleinen Kraft / üben gute Ritterschaft. / Erbarm dich, Herr.

7. Kraft, Lob, Ehr und Herrlichkeit / sei dem Höchsten allezeit, / der, wie er ist drei in ein, / uns in ihm läßt eines sein. / Erbarm dich, Herr.

Text: Strophen 1.6 Christian David (1728) 1741; Strophen 2.4.5 Christian Gottlob Barth 1827; Strophen 3.7 Johann Christian Nehring 1704, neu gestaltet von Otto Riethmüller 1932
Melodie: Böhmen 1467, Nürnberg 1556; geistlich Böhmische Brüder 1566

Predigt am Himmelfahrtsfest (24. Mai 1990)
über das Lied
"Sonne der Gerechtigkeit"
EG 263

Liebe Gemeinde! Als im vergangenen Herbst viele tausend Menschen sich in den Kirchen der DDR zu Friedensgebeten versammelten, da ist wohl kein Lied aus unserem Gesangbuch so oft angestimmt worden wie das Lied "Sonne der Gerechtigkeit". Viele, die zu den Gottesdiensten kamen, hatten vorher nie eine Kirche betreten. Viele stockten, wenn das Vaterunser gebetet wurde. Viele hatten nie einen Choral mitgesungen. Was bewegte die Menschen, wenn sie trotzdem einzustimmen versuchten, wenn sie diese Strophen innerlich mitsprachen und mitbeteten?
Wir brauchen nur die Verse durchzugehen. Da finden wir viele Wendungen, die beleuchten, was die Menschen in der DDR dachten, fühlten, erwarteten: Sie wollten endlich die "Sonne der Gerechtigkeit" aufgehen sehen gegen Ungerechtigkeiten, Verdächtigungen, Spitzeleien. Die Zertrennung der Welt in überholte Machtblöcke sollte endlich überwunden werden. Die Türen der Völker - V. 4 - sollten sich öffnen. Licht wollten sie sehen in dunkler Nacht - und überall hatten sie dafür Kerzen aufgestellt.

Wenn wir unser Gesangbuch durchblättern, finden wir wenige Lieder wie dieses. Viel größer ist die Zahl der Anbetungslieder, der Glaubenslieder, der Trostlieder, der Kirchenjahreslieder, der Psalmlieder. Es gibt kaum Lieder, die von der Befreiung der Menschen sprechen, von der gesellschaftsändernden Kraft des Glaubens, Lieder, die die Christen zum Tun, zum Handeln herausfordern.
Gelegentlich kann man in den Gemeinden hören, dieses Lied würde jetzt zu oft gesungen. Es sei typisch für unsere Zeit, daß immer von dem Handeln der Menschen gesprochen würde, von dem, was er tun soll - so als ob der Mensch (und nicht Gott) es sei, der wirkliches Heil, wirklichen Frieden, wirkliche Gerechtigkeit herbeiführen könnte.

Nun richtet sich dieses Lied zwar deutlich gegen die Untätigkeit, gegen das Hinnehmen des Übels in der Welt: Die Sonne der Gerechtigkeit soll in der Kirche anbrechen, daß die Welt es sehen kann! Wer aber meint, damit würde hier das Tun des Menschen in den Vordergrund gestellt, hier würden seine Werke verherrlicht, der hat nicht genau hingeschaut: Es ist das **Handeln Gottes**, das unter den Menschen sichtbar und wirksam werden soll; **sein Ruhm** soll bekannt werden, **seine Herrlichkeit** soll erscheinen. - Dieses Lied ist ein Ruf, ein Gebet, in dem Gott und die Welt, seine Herrlichkeit und die Wirklichkeit des Menschen zusammengeführt werden. Es ist ein Lied der Hoffnung, der Erwartung, komponiert und gedichtet von Menschen, die Notvolles und Bedrängendes erfahren haben, und die sich ausrichten und ausstrecken danach, daß Gerechtigkeit anbricht, daß sie Licht sehen, daß sie Heil erkennen können.

Die Melodie unseres Liedes wurde zunächst in den Gemeinden der Böhmischen Brüder gesungen, den Gemeinden, denen wir mit die ältesten evangelischen Gesangbücher verdanken. Sie sind immer wieder verfolgt worden und mußten schließlich ihre Heimat verlassen. Die Melodie, die sie sich hier ausgesucht haben, öffnet sich in einem großen Bogen - so , daß man die Sonne gleichsam aufgehen sieht; sie wird dann schwungvoll weitergeführt und hat in ihrem letzten Teil etwas Drängendes, Vorwärts-treibendes.

Wenn wir nach den Liederdichtern schauen, dann finden wir gleich drei Namen unter der letzten Strophe angegeben: Christian David 1741, Christian Gottlob Barth 1827 und Johann Christian Nehring 1704. Über jeden der drei Liederdichter könnten wir sicher eine eigene Predigt halten: Christian David wirkte nach einem bewegten Werdegang in der Herrnhuter Brüdergemeine, Christian Gottlob Barth war der Gründer des Calwer Verlages und ein besonderer Freund und Förderer der Mission, Johann Christian Nehring leitete ein Waisenhaus in Halle. Allein die Angaben über Christian David, die wir hinten im Gesangbuch finden, könnten das Grundgerüst für einen Roman abgeben: Ursprünglich katholisch, war er zuerst Zimmermann, dann Soldat, wurde durch die Begegnung mit der Frömmigkeitsbewegung des Pietismus Erweckungsprediger und führte später auf Einladung des Grafen von Zinzendorf 248 böhmische Brüder, die ihre Heimat verlassen mußten, nach Sachsen und wurde dort Mitbegründer der Siedlung Herrnhut. Im Dienst der Herrnhuter Brüdergemeine war er schließlich noch als Missionar in anderen Ländern, u.a. in Island tätig.

Zur Tradition der böhmischen Brüder gehörte sicher dies, daß sie ein feines Gespür für Ungerechtigkeit und Intoleranz hatten, die sie immer wieder erfahren mußten und daß sie die christliche Botschaft als eine Liebesbotschaft verstanden, die man in ihrer Tat, in ihrem Leben erkennen sollte.

Sie wollten eine erneuerte, glaubwürdige Kirche sein und baten deshalb Gott immer wieder um diese Erneuerung. Sie wußten, wie begrenzt dabei die Kraft der Menschen, ihre Fähigkeit, ihr Leistungsvermögen ist. Und dementsprechend haben sich alle drei Dichter unseres Liedes in dem Ruf verbunden, mit dem jede der sieben Strophen endet: *Erbarm dich, Herr* - Gott muß sich über seine Kirche erbarmen, damit sie ein glaubwürdiges Zeugnis von seiner Gerechtigkeit ablegen kann.

In der ersten Strophe wird das wie in einer Überschrift hinausgesungen:

V. 1 *Sonne der Gerechtigkeit, gehe auf zu unsrer Zeit;*
brich in deiner Kirche an, daß die Welt es sehen kann.
Erbarm dich, Herr.

Wie eine Sonne soll die Gerechtigkeit aufgehen - gegen allen Neid, gegen alle Mißgunst, gegen alle Ungerechtigkeit und Unterdrückung soll sie aufstrahlen und aufleuchten.

Die Sonne der Gerechtigkeit: Das ist niemand anders als Jesus Christus selbst, der Gottes Gerechtigkeit gelebt und verwirklicht hat. Diese Gerechtigkeit ist anders als die übliche Gerechtigkeit, die jedem genau zuteilt, was er verdient hat. Jesus zeigt, daß Gott gerade dadurch gerecht ist, daß er jedem die Liebe schenkt, die er braucht: Da sind die Aussätzigen, deren Ruf er erhört; da sind die Blinden, die er sehend macht; da sind die Zöllner, die Betrüger, bei denen er zu Gast ist und die umkehren und ihm nachfolgen. Sie alle erleben, wie ihnen in Jesus die einzigartige Gerechtigkeit Gottes aufgeht.

Freilich erntet Jesus damit den Protest der Frommen, die diese Bevorzugung der verlorenen Menschen als ungerecht empfinden; sie murren: Dieser nimmt die Sünder an und ißt mit ihnen.

Aber Jesus wird nicht müde zu zeigen, daß Gottes Gerechtigkeit größer, weiter und leuchtender ist als eine Gerechtigkeit, die nur nach dem Verdienst geht. Ja, eigentlich lebt jeder von uns, der atmet, der schlafen und wachen, handeln und denken kann, der täglich Sonne und Regen, Wachsen und Gedeihen wie selbstverständlich hinnimmt, von dieser Gerechtigkeit Gottes, die er sich selbst nicht verdient hat. Diese Gerechtigkeit strahlt am hellsten dort auf, wo Jesus sich an die Seite der Leidenden und Schwachen stellt, ja, wo er den unverdientesten Tod an der Seite von Verbrechern erduldet und eben aus diesem Tod zu neuem Leben aufersteht. Das Himmelfahrtsfest sagt, daß Jesus mit dieser seiner Gerechtigkeit Herr der ganzen Welt ist, daß das, was er damals vor 2000 Jahren, an dieser einen Stelle unserer Geschichte, unter uns gewirkt hat, ein für allemal gelten soll.

Unser Liedsänger aber erbittet diese Sonne für seine Zeit. Sie soll aufgehen in einer Kirche, die in sich zerstritten ist, die sich mit den politischen und militärischen Mächten liiert hat, in der Minderheiten verfolgt werden. Über diese Kirche soll sich Gott erbarmen, damit in ihr wieder etwas sichtbar wird von der Liebe Jesu, von der Gerechtigkeit für die Schwachen. Er sehnt eine Kirche herbei, die wieder Salz der Erde, Licht der Welt ist, die sich auflehnt gegen Ungerechtigkeit und Unterdrückung, in der die Verfolgten eine Heimat haben.

Hier schließt die zweite Strophe an:
V. 2 *Weck die tote Christenheit aus dem Schlaf der Sicherheit:*
Mache deinen Ruhm bekannt überall im ganzen Land.
Erbarm dich, Herr.
Daß die Christenheit oft wie tot ist, daß sie schläft, daß sie sich in falscher Sicherheit wiegt, ist eine Erfahrung, für die es viele Beispiele gibt: Wie oft ist die Kirche - um ein Bild von Martin Luther King zu gebrauchen - nur wie ein Thermometer, das die Wünsche und Ansprüche unserer Wohlstandsgesellschaft spiegelt, anstatt ein Thermostat zu sein, durch den unsere Gesellschaft gewandelt wird. Warum etwa tritt sie nicht noch entschiedener auf gegen die Verwahrlosung junger Menschen im Spiel-, Konsum- und Drogenrausch oder durch Gewaltvideos; warum ist sie nicht noch erfindungsreicher, den Schatz der frohen Botschaft ins Leben zu bringen? Nicht nur die Kirche im Großen ist hier gemeint - auch wir, jeder von uns, unsere Gemeinde: Wie steht es bei uns um das tägliche geistliche Leben, aus dem wir die Kraft gewinnen können, Jesus nachzufolgen: um Gebet, um Andacht, um bewußtes Fragen nach dem Willen Gottes? Wie viel ist da bei uns eingeschlafen? Wieweit ist unsere Gemeinde noch missionarisch, geht sie auf Menschen draußen zu, spricht sie an, lädt sie ein?
Gottes Ruhm: Das ist eine Kirche, die selbstlos an den Nöten unserer Zeit mitarbeitet, die ihre Kräfte einsetzt, daß Menschen aus Verwahrlosung, Vereinsamung, Gleichgültigkeit herausgeholt werden; eine Kirche, die mit der Phantasie ihrer Gottesdienste, ihrer Lieder, ihrer Predigten Mut macht und ansteckend wirkt.

Die dritte Strophe wendet sich einer der Grundnöte zu, unter denen wir auf unserer Erde immer wieder leiden:
V. 3 *Schaue die Zertrennung an, der kein Mensch sonst wehren kann;*
sammle, großer Menschenhirt, alles was sich hat verirrt.
Erbarm dich, Herr.
Zertrennung, d.h.: Es wird etwas auseinandergerissen, wo man zusammenleben sollte, es werden Grenzen aufgerichtet, es können Feindbilder entstehen: zwischen Konservativen und Progressiven, zwischen Deutschen und Ausländern, zwischen Christen und Muslimen, aber auch in unserem Familienleben: zwischen Mann und Frau, zwischen Kindern und Eltern, zwischen verschiedenen Gruppen in unseren Gemeinden.
Was uns besondere Not macht, ist, daß solche Zertrennung oft wie gesetzmäßig auftritt, daß sie sich auch gegen allen guten Willen einstellt, nicht selten allerdings auch von Habgier, Eigennutz oder innerer Verbohrtheit genährt wird. Dabei brauchten wir die Gemeinsamkeit für die großen Zukunftsaufgaben, die

Gott für uns bereit hält: die Zusammenarbeit zwischen Menschen in Ost und West, zwischen Menschen verschiedener Nationen und Religionen, zwischen alten und jungen Menschen; wir brauchen Familien, in denen Kinder in Geborgenheit und Schutz heranwachsen können. Wir müssen Gott darum bitten, daß er sich über die Zertrennungen erbarmt, die wir schuldhaft herbeigeführt haben, und wir müssen ihn bitten, daß er wie ein großer Hirte uns alle zusammenführt.

V.4 *Tu der Völker Türen auf, deines Himmelsreiches Lauf*
hemme keine List noch Macht. Schaffe Licht in dunkler Nacht.
Erbarm dich, Herr.

Christian Gottlob Barth, der diese Strophe gedichtet hat, dachte bei ihr besonders an die Mission unter den Völkern, daran, daß das Licht der Liebe Christi in vielen dunklen Nächten aufleuchten kann. Aber er hat auch sicher von der *List und Macht* gewußt, mit der Menschen in fernen Ländern ausgenutzt, zu Profitgeschäften mißbraucht, ja sogar zu Sklaven gemacht wurden. Und damals wie heute sind List und Macht, sind Korruption und Ausbeutung nicht gebannt, sondern lasten auf ganzen Völkern. Ganze Völker, ganze Kulturen brauchen hier unser Gebet, brauchen Gottes Hilfe, und wir sollten da, wo Lichtfunken der Liebe Christi angefacht werden, mit unserem Gebet und unseren Gaben beteiligt sein.

Gegenwärtig sind die Türen vieler Völker neu geöffnet, kommen Menschen zu uns, deren Grenzen lange Zeit verschlossen waren. Aber merken sie bei uns etwas von des *Himmelreiches Lauf*? Finden sie offene Türen, einladende Gemeinden? - Und merken die Menschen in den Hungerländern der Erde noch etwas von unserer Solidarität, unserer Bereitschaft zur Unterstützung, unserem Einsatz für gerechtere Wirtschaftsstrukturen?

Was die Völker brauchen, sagt Vers 5:
V. 5 *Gib den Boten Kraft und Mut, Glaubenshoffnung, Liebesglut,*
laß viel Früchte deiner Gnad folgen ihrer Tränensaat.
Erbarm dich, Herr.

Ich denke da etwa an die Lehrerin Christa Maria Stark aus Bethel, die in Peru, in dem Land mit seinen schlimmen Bürgerkriegskämpfen und mit der höchsten Teuerungsrate der Welt, in der Stadt Cajamarca unbeirrt eine Schule und Werkstätten für behinderte Kinder mit deren Familien aufgebaut hat, unterstützt von einem Freundeskreis in Deutschland, ohne den diese Arbeit nicht möglich wäre. Den Kampf gegen List und Macht, gegen Korruption, Kriminalität und eine massenhafte Verelendung kann sie nur mit einer tiefen Glaubenshoffnung und nicht verlöschender Liebesglut führen. Und wenn es nach den Tränen geht, die in diesem Land geweint werden, dann müßten dort besonders viel Früchte der Gnade Gottes reifen.

Die sechste Strophe richtet unseren Blick auf die Herrlichkeit Gottes, die der Liedsänger sehen möchte und die in den kleinen Zeichen der Liebe, des Neuanfangs und der Versöhnung aufleuchtet:
V. 6 *Laß uns deine Herrlichkeit ferner sehn in dieser Zeit*
und mit unserer kleinen Kraft üben gute Ritterschaft.
Erbarm dich, Herr.
Das Bild von der Ritterschaft mag manchem heute etwas altertümlich, vielleicht sogar zu militärisch erscheinen. Aber was meint Ritterschaft hier: Sie bezeichnet die Tapferkeit, den Mut, mit dem man sich an das Feindliche, an das Böse und Ungerechte heranwagt. Gute Ritterschaft, d.h.: sich nicht einschüchtern lassen, nicht zu sagen: Was kann ich als einzelner schon ausrichten? Sondern - mit der großen Herrlichkeit Gottes vor Augen - das Rechte tun und wagen.

In der siebten Strophe schließlich mündet das Lied noch einmal in einen Lobpreis hinein:
V. 7 *Kraft, Lob, Ehr und Herrlichkeit sei dem Höchsten allezeit,*
der, wie er ist drei in ein, uns in ihm läßt eines sein.
Erbarm dich, Herr.
Wenn wir uns auf die Kraft des dreieinigen Gottes verlassen - Gottes, der die ganze Welt in seiner Hand hat, Gottes, der in Jesus in unsere tiefsten Niedrigkeiten hineingekommen ist, Gottes, der mit seinem Geist in uns wirken will -, dann werden wir immer wieder Mut gewinnen, in ihm *eines* zu sein, mit ihm die Zertrennungen unter uns zu überwinden.
Ein Zeichen der Überwindung solcher Zertrennung war es für mich, als im vergangenen November hier in Nürnberg in St. Martha Menschen verschiedener Religionen für den Frieden beteten, nicht in einem gemeinsamen Gottesdienst, den es so noch nicht geben kann, aber doch in der sie verbindenden Hoffnung nach Frieden und Gerechtigkeit.
In der Stadt, von der die Nürnberger Gesetze ausgegangen sind, betete dabei eine jüdische Frau (neben christlichen Geistlichen und muslimischen Imamen!): *Gott, wir danken Dir für Deine Gabe der Hoffnung, für unsere Kraft in schweren Zeiten. Jenseits der Ungerechtigkeit unserer Zeit, ihrer Grausamkeit und ihrer Kriege erkennen wir eine Welt des Friedens, in der die Menschen einander lieben und sich niemand fürchtet. Jede unserer schlechten Taten rückt jene herrliche Zukunft in weite Ferne, jede gute Tat bringt sie näher. Möge unser Leben von Dir zeugen, so daß spätere Geschlechter uns dafür preisen. Möge der Tag*

kommen, an dem - wie unsere Propheten lehrten - *"die Sonne der Gerechtigkeit mit den Flügeln des Heils aufgehen wird". Hilf uns, dafür zu beten, darauf zu warten, dafür zu arbeiten und dessen würdig zu sein.*
Als Christen ist uns die "Sonne der Gerechtigkeit" in Jesus geschenkt worden, in ihm haben wir sie vor Augen. Wir wollen Gott um sein Erbarmen bitten, daß sie immer neu in und unter uns hell aufscheint.
Amen.

Jesu, meine Freude

396

1

Je-su, mei-ne Freu-de, mei-nes Her-zens
ach wie lang, ach lan-ge ist dem Her-zen
Wei-de, Je-su, mei-ne Zier:
ban-ge und ver-langt nach dir! Got-tes
Lamm, mein Bräu-ti-gam, au-ßer dir soll
mir auf Er-den nichts sonst Lie-bers wer-den.

2. Unter deinem Schirmen / bin ich vor den Stürmen / aller Feinde frei. / Laß den Satan wettern, / laß die Welt erzittern, / mir steht Jesus bei. / Ob es jetzt gleich kracht und blitzt, / ob gleich Sünd und Hölle schrecken, / Jesus will mich decken.

3. Trotz dem alten Drachen, / Trotz dem Todesrachen, / Trotz der Furcht dazu! / Tobe, Welt, und springe; / ich steh hier und singe / in gar sichrer Ruh. / Gottes Macht hält mich in acht, / Erd und Abgrund muß verstummen, / ob sie noch so brummen.

4. Weg mit allen Schätzen; / du bist mein Ergötzen, / Jesu, meine Lust. / Weg, ihr eitlen Ehren, / ich mag euch nicht hören, / bleibt mir unbewußt! / Elend, Not, Kreuz, Schmach und Tod / soll mich, ob ich viel muß leiden, / nicht von Jesus scheiden.

5. Gute Nacht, o Wesen, / das die Welt erlesen, / mir gefällst du nicht. / Gute Nacht, ihr Sünden, / bleibet weit dahinten, / kommt nicht mehr ans Licht! / Gute Nacht, du Stolz und Pracht; / dir sei ganz, du Lasterleben, / gute Nacht gegeben.

6. Weicht, ihr Trauergeister, / denn mein Freudenmeister, / Jesus, tritt herein. / Denen, die Gott lieben, / muß auch ihr Betrüben / lauter Freude sein. / Duld ich schon hier Spott und Hohn, / dennoch bleibst du auch im Leide, / Jesu, meine Freude.

Text: Johann Franck 1653
Melodie: Johann Crüger 1653

Predigt am Sonntag Misericordias Domini (14. April 1991)
in der Evangelisch-lutherischen Auferstehungskirche Nürnberg-
Zerzabelshof und am Sonntag Kantate (28. April 1991)
in der Evangelischen Versöhnungskirche in Gotha
über das Lied
"Jesu, meine Freude"
von Johann Franck (1653)
EG 396

Liebe Gemeinde! *Jesu, meine Freude* - mit diesen Worten fängt das Lied, das heute unserer Predigt zugrunde liegt, an, und mit diesen Worten hört es auf. Es ist ein sicher manchem unter uns vertrautes, liebgewordenes Lied - ein einzigartiges Trostlied, ein Lied voll echter evangelischer Frömmigkeit. Für meinen Vater ist es das schönste Lied im Gesangbuch überhaupt. - Mancher wird auch die schönen Tonsätze im Ohr haben, mit denen Johann Sebastian Bach die Strophen des Chorals in seiner Kantate "Jesu, meine Freude" und in anderen Kantaten vertont hat.

Freilich, wenn wir genau hinschauen, merken wir: Das, was in diesem Lied ausgedrückt wird, ist uns heute alles andere als selbstverständlich. Da sind nicht nur die altertümlichen Bilder - *Gottes Lamm, mein Bräutigam* - eine Sprache, wie sie wohl keiner unter uns noch gebraucht. Auch die Hauptaussage - *Jesu, meine Freude*: Wer unter uns kann sagen, daß ihm Jesus so stets gegenwärtig ist, ja, daß die Hauptfreude, die ihn erfüllt, die Freude an Jesus ist? Ist unser Alltag nicht ganz weitgehend von anderen Freuden, anderen Interessen, aber auch von anderen Notwendigkeiten bestimmt?
Und wenn wir dann hören: ... *außer dir soll mir auf Erden nichts sonst Liebers werden* -, ist das nicht viel zu absolut, zu exklusiv, zu ausschließlich gesagt? Kann man in unserer Welt mit ihrer Vielfalt an Glaubensformen, Religionen, Anschauungen, Erfahrungen noch so ausschließlich von Jesus sprechen?
Ist also unser Lied nicht letztlich viel zu einseitig, ja überholt und unzeitgemäß?

Und doch: Als wir im Posaunenchor überlegten, welches Lied für den diesjährigen Bläsergottesdienst in Frage käme, sind wir gerade auf dieses Lied gestoßen, und zwar eben deshalb, weil uns die Tagesereignisse so sehr beschäftigten und bedrängten. Täglich hörten wir von Krieg und Zerstörung im Nahen Osten, täglich ging die Ungewißheit mit uns: Was wird dieser Konflikt noch bringen? Was bedeutet er für diese betroffenen Menschen? Eine Situation, in der man

nicht einfach das Gesangbuch aufschlagen und irgendein Lied singen kann. - Und da sahen wir uns auf einmal sehr verbunden mit Johann Franck, dem Dichter von "Jesu, meine Freude". Wir sahen uns mit ihm verbunden darin, wie er von der Not seiner Zeit redet und - wie er in dieser Zeit von Jesus spricht:
Im Jahr 1618, als der 30jährige Krieg begann, wurde Johann Franck in Guben in der Niederlausitz (an der Neiße) geboren. Als er 30 Jahre alt wurde, hatte er also noch keinen einzigen Tag Frieden erlebt. Er wurde dann Rechtsanwalt, später Ratsherr und Bürgermeister in seiner Heimatstadt und übernahm selbst Verantwortung, um das verwüstete Land mit aufzubauen. Es ist also wahrhaft keine heile Welt, in der Johann Franck sein Lied dichtet - nur fünf Jahre nach dem großen Krieg. Im Jahr des Friedensschlusses - 1648 - hat er schon ein Lied gedichtet, das sich in unserem alten Gesangbuch findet (EKG 393), ein Danklied, in dem noch die Last der Kriegsjahre nachklingt - das schwere Joch der Waffen, Pfeil und Wagen, Schild und Bogen, Spieß und Schwert: 3/4 aller Menschen in Deutschland waren ja dahingerafft worden. Wenn es in unserem Lied in der dritten Strophe heißt: *Tobe, Welt, und springe*, dann weiß Johann Franck sehr gut, wovon er redet.

Dieser Wirklichkeit, dieser harten, bedrängenden Weltwirklichkeit, die er nicht verdrängt oder beschönigt, setzt Johann Franck nun in unserem Lied eine andere Wirklichkeit entgegen: Die Jesuswirklichkeit. Seine Lebenserfahrung: daß er gerettet wurde durch den entsetzlichen Krieg hindurch, begreift er als Chance, als Aufgabe von Gott. Und Jesus ist für ihn der Hort, der Schatz, der Halt, der ihn durchtragen kann durch alle Bedrängnis. Die Tiefe und Echtheit dieser Erfahrung, die ihn diese Welt in ihrer ganzen Begrenztheit sehen läßt und ihn doch auch wieder hineinstellt in die Aufgaben in dieser Welt, ist es, was uns durch die oft altertümlichen Bilder seines Liedes hindurch anspricht, ja, vielleicht gerade mit der Kraft der alten Bilder neu zum Nachdenken bringen kann. Und wir merken auch gleich: Die Jesuswirklichkeit, die hier besungen wird, ist keine Wirklichkeit, die sich abgrenzt gegen andere, die sie ausschließt, die irgend jemanden abwehrt. Gemeint ist vielmehr, daß Jesus ein einzigartiger Maßstab, eine einzigartige Hilfe ist, die der Liedsänger bezeugen will, die er anbieten will, die dem Leben Halt und Richtung geben kann.
Dabei muß auffallen, daß das Lied ganz in der Ich-Form gedichtet ist: *Jesu, meine Freude, meines Herzens Weide*... Johann Franck singt hier von **seinem** Leben, von **seiner** persönlichen Erfahrung. Er beschreibt nicht neutral, aus dem Abstand heraus. Er zeigt vielmehr: Ich selbst, ich persönlich bin gemeint, wenn es um die Begegnung mit Jesus geht, mir persönlich will Jesus beistehen, helfen. Vielleicht ist es gerade auch dieses persönliche Bekenntnis, dieses persönliche

Beispiel, was viele Menschen in diesem Lied so besonders anspricht, so unmittelbar berührt.

Johann Franck wählt dazu einen sehr verflochtenen Reim, der die ganze Verbundenheit seines Lebens in die Jesuswirklichkeit hinein deutlich macht und immer wieder zu besonderen Aussageschwerpunkten hinführt:
Jesu, meine Freude, meines Herzens Weide - und dann die Zielaussage:
Jesu, meine Zier - ach wie lang, ach lange ist dem Herzen bange- und dann wieder die Hervorhebung: *und verlangt nach dir!*
Johann Crüger, dem wir die Melodie dieses Liedes - wie auch bei vielen Liedern Paul Gerhardts - verdanken, hat das sehr schön hervorgehoben, indem er die Melodie am Ende dieser Zeilen ganz nach oben führt.
Es folgen dann wieder zwei gleiche Reime: *Gottes Lamm, mein Bräutigam*, dann etwas ausführlicher: *außer dir soll mir auf Erden* - und ein kurzer, gewichtiger Schluß: *Nichts sonst Liebers werden*.
Immer wieder wird so zum Schluß hin das betont, was über Jesus zu sagen ist, und was gleichsam den Angelpunkt des ganzen Liedes bildet.

Aber gehen wir nun die Strophen im einzelnen durch, lassen wir uns mitnehmen in die Bild- und Erfahrungswelt dieses Liedes. Dabei wird uns der Posaunenchor jeweils den Liedsatz dazu spielen, wie ihn Johann Sebastian Bach zu jedem Vers besonders komponiert hat.

V. 1 Die erste Strophe ist die Eröffnung, sie ist wie die Überschrift des ganzen Liedes:
Jesu, meine Freude, meines Herzens Weide, Jesu, meine Zier. - Eine ganze Fülle von Bildern wird hier gleich entfaltet, und sie wird in der zweiten Strophenhälfte noch erweitert: *Gottes Lamm, mein Bräutigam....* Es sind fast alles biblische Bilder über Jesus, die hier aufgegriffen werden, und wir könnten auch zu jedem Bild eine biblische Geschichte erzählen:
Jesus, der Verlassenen und Verlorenen Freude schenkt, wie der Vater im Gleichnis, der seinem verlorenen Sohn ein großes Fest bereitet. Jesus, der unserem Herzen Nahrung gibt - uns gute und hilfreiche Gedanken schenkt, so wie der Hirte seine Schafe auf gute Weide führt. Jesus, der als Lamm Gottes auch für mich die Sünde getragen hat. Jesus, der mich lieb hat wie ein Bräutigam die Braut.
Nach ihm hat den Liedsänger verlangt, eine lange, lange Zeit hindurch, während all der Nöte des nicht endenwollenden Krieges. Mancher von uns wird in seinem Leben schon ähnliches Verlangen gehabt haben: während einer schweren Krank-

heit, wenn er verlassen war, wenn ihn eine Schuld bedrückt hat. Und vielleicht ist da sein Blick auf den Gekreuzigten gefallen, der an all dieser Not teilgenommen und sich in seiner Liebe hingeschenkt hat, und er hat Trost und Stärkung durch ihn erfahren. Denn was kann es für unser Leben liebevolleres geben als diesen Weg Jesu? Wir hören jetzt diesen Vers in der Vertonung durch Johann Sebastian Bach und merken dabei sicher, wie er die Musik nach dem Text gestaltet - besonders zum Schluß, wo der Tenor das *außer dir soll mir auf Erden nichts sonst Liebers werden* ganz empfindsam ausmalt.

Die zweite und dritte Strophe sind Verse, in denen von dem Schutz gesungen wird, den Jesus geben kann mitten in einer Welt, die drohend und bedrohlich ist:
V. 2 *Unter deinem Schirmen bin ich vor den Stürmen aller Feinde frei.*
Laß den Satan wettern, laß die Welt erzittern, mir steht Jesus bei.
Ob es jetzt gleich kracht und blitzt,
ob gleich Sünd und Hölle schrecken, Jesus will mich decken.

V. 3 *Trotz dem alten Drachen, Trotz dem Todesrachen, Trotz der Furcht dazu!*
Tobe, Welt, und springe; ich steh hier und singe in gar sicher Ruh.
Gottes Macht hält mich in acht,
Erd und Abgrund muß verstummen, ob sie noch so brummen.
Daß es Stürme gibt, daß Feinde da sind, daß immer wieder der Satan selbst aufzutreten scheint - wer von uns hat das nicht gerade in den vergangenen Monaten erneut intensiv gespürt? Die Hoffnung, daß es bald eine friedlichere, hellere, gerechtere Welt geben könnte, ist uns gründlich enttäuscht worden. Sünde und Hölle, Tod und Abgrund haben sich als massive Wirklichkeit erwiesen, und mit den weltweiten wirtschaftlichen Verflechtungen greifen sie nach einem jeden von uns: in der Skrupellosigkeit von Diktatoren, in der Skrupellosigkeit von Waffenhändlern und denen, die ihnen zuliefern oder auch nur ihr Tun dulden, in der Skrupellosigkeit von Menschen, die Feindbilder geschürt haben.

Johann Franck singt hier gegen diese Weltwirklichkeit von dem Schirmen Jesu: daß er uns beschützen will, daß er, der mit seiner Liebe der Feindschaft entgegengetreten ist, der selbst Verleumdung und Verrat erfahren mußte und der mit seinem Tod allen Todesmächten den Kampf angesagt hat, sich wie ein bergendes Dach über uns stellen will, daß er uns einen festen, sicheren Ort geben will, wie in einer starken, wehrhaften Burg, die fest auf dem Felsen steht, auch wenn rundherum die Stürme blasen. - Er will uns inneren Halt geben, wenn alles von außen droht, er will uns einen klaren Blick und einen klaren Standort geben, wenn außen herum die Welt tobt - nicht so, daß uns Not und Tod nicht bedrängen und bedrücken können, nicht, daß wir aussteigen aus der Welt, aber doch so, daß wir von Jesu Kraft geleitet innerlich Ruhe finden und die Schritte gehen können, die gegen die Feindschaft, gegen die Bosheit, gegen den Triumph des Höllischen gerichtet sind.

Wir hören jetzt dazu die Liedsätze für die zweite und dritte Strophe von Johann Sebastian Bach: In der zweiten Strophe werden Sie hören, wie wieder der Tenor ausmalen muß, wie es *kracht und blitzt*, und wie dann die zweite Stimme sanft den Schluß heraushebt, das *Jesus will mich decken*. In der dritten Strophe haben wir am Anfang dreimal das "Trotz": *Trotz dem alten Drachen, Trotz dem Todesrachen, Trotz der Furcht dazu!* Dem Toben der Welt steht der Sänger gegenüber, den Gottes Macht hält und der gegen alle Abgründe in sicherer Ruhe sein Lied singen kann. Am Schluß ist es dann wieder die zweite Stimme, die nun das Brummen von Erd und Abgrund ausmalen muß.

Wie die zweite und dritte Strophe zusammengehören, so auch die vierte und fünfte Strophe: Wer von Jesu Schutz umgeben ist, wer von Gottes Macht gehalten wird, der kann auch den Versuchungen und Anfechtungen im eigenen Lebensraum entgegentreten. Und so heißt es zunächst in der vierten Strophe:
V. 4 *Weg mit allen Schätzen; du bist mein Ergötzen, Jesu, meine Lust.*
Weg, ihr eitlen Ehren, ich mag euch nicht hören, bleibt mir unbewußt!
Elend, Not, Kreuz, Schmach und Tod
Soll mich, ob ich viel muß leiden, nicht von Jesu scheiden.
Diese Strophe klingt besonders provozierend: Positives wie Negatives, Reichtum wie Elend sollen uns nicht von Jesus fernhalten.
Schätze und Ehren: Wie sehr bestimmen sie doch immer wieder unsere Gedanken. Unser Einkommen und Besitz: Wie viel Zeit, wie viel Phantasie müssen wir immer wieder darauf verwenden! "Was jemand hat, das jemand ist". Was jemand vor anderen gilt, das scheint sein Leben auszumachen.
Der Liedsänger weiß: Wenn es um das geht, was wirklich Bestand hat, wenn es um das geht, dem auch der Tod nichts anhaben kann, dann trägt weder der Besitz, den man ansammelt, noch der Ruhm und die Achtung, die man sich erwirbt. Nichts davon kann man ins Grab mitnehmen, und vor Gott gelten dann andere Maßstäbe als die, nach denen bei uns gewertet wird. - Dabei stellt Johann Franck Schätze und Ehren nicht nur abwägend den eigentlichen Gütern gegenüber. Er will sie gleichsam wegwerfen - und im Liedsatz von Johann Sebastian Bach müssen die Unterstimmen genau dieses *Weg mit allen Schätzen* kräftig hinausblasen.

Nichts soll den Blick auf Jesus verstellen. Und von Jesus heißt es dann: *Du bist mein Ergötzen, Jesu, meine Lust.* Es geht hier darum, sich ungehindert daran freuen zu können, wie Jesus mich liebt, wie er die Menschen liebt, - seine Liebe und Freundlichkeit in mir wirken zu lassen. - Und dann kann auch von dem Negativen - von Elend, Not, Kreuz, Schmach und Tod - gesagt werden, daß sie mich nicht von Jesus scheiden sollen. Wirkliches Heil ist nur da, wo es auch all diese Bedrängnisse umfängt - und Jesus ist mit uns und für uns in diese Bedrängnisse hineingegangen. Die Evangelien stellen es uns deutlich dar, wenn sie erzählen, wie Jesus im Garten Gethsemane, am Anfang seines Leidensweges, selbst von Zittern und Zagen überfallen wird.

In der fünften Strophe geht es dann noch weiter um den Abschied von allem, was uns von Jesus trennen kann: Das Wesen, das sich an die Welt klammert, die Sünden, Stolz und Pracht, alles Lasterleben soll entschwinden:
V. 5 *Gute Nacht, o Wesen, das die Welt erlesen, mir gefällst du nicht.*
Gute Nacht, ihr Sünden, bleibet weit dahinten, kommt nicht mehr ans Licht!
Gute Nacht, du Stolz und Pracht;
dir sei ganz, du Lasterleben, gute Nacht gegeben.
So wie wir auch heute noch sagen können: "Und dann: Gute Nacht" - wenn etwas wirklich zu Ende ist, wirklich erledigt ist, so heißt es in dieser Strophe gleich viermal: *Gute Nacht!*
Die Sünde, das Lasterleben, dem man "Gute Nacht" geben soll, ist: daß man sich ganz an das Diesseits hängt, daß man nur den Genuß im Sinn hat, daß man dem Bösen nicht widersteht. Unser ganzes Denken, unser ganzes Leben sollen davon frei sein.
Während in der vierten Strophe Johann Sebastian Bach das *Weg, weg,* das Wegwerfen hervorhebt, drückt er das *Gute Nacht* in Vers fünf viel ruhiger aus: Die Sünden und das Lasterleben werden dabei vor allem durch ganz außergewöhnliche Verschiebungen in den Klängen, den Akkorden beschrieben, während das *mir gefällst du nicht* recht energisch herausgesungen wird. Dichter und Komponist wollen uns so mit hineinnehmen in eine klare Entscheidung: Das Vordergründige, das Eitle soll uns nicht besetzen, gefangen halten; es soll in der Dunkelheit verschwinden, wo es hingehört.

Und nun schließt das Lied mit einer einzigartig schönen Strophe, die den Bogen vom Anfang des Liedes wieder aufnimmt; Johann Sebastian Bach nimmt dann dafür auch die gleiche Begleitung wie für den ersten Vers:

V. 6 *Weicht, ihr Trauergeister, denn mein Freudenmeister, Jesus, tritt herein.*
Denen, die Gott lieben, muß auch ihr Betrüben lauter Freude sein.
Duld ich schon hier Spott und Hohn,
dennoch bleibst du auch im Leiden Jesu, meine Freude.

Noch einmal wird alles Leid genannt, das bedrängen kann: die Trauergeister, die uns befallen können, das Betrüben, Spott und Hohn. Aber jeder Dunkelheit wird die Helligkeit und Freude Jesu gegenübergestellt - gleich dreimal tritt sie in den Vordergrund:
Ein Tor öffnet sich, Jesus tritt herein, Freude strahlt auf - und alle Trauergeister müssen weichen. - Hier wird die tiefste und schönste Erfahrung beschrieben, die Menschen zuteil werden kann, wenn sie Jesus begegnen, weil sie nämlich über die Grenze irdischer Not und irdischer Begrenztheit hinausschauen können in die himmlische Herrlichkeit.
Und wenn wir fragen: Hält das, trägt das, wenn ich selbst im Leid bin, wenn ich selbst Verlassenheit erfahre, wenn die Welt tobt und springt, dann soll uns der Blick auf die Beispiele glaubender Menschen helfen, die eben so den Trauergeistern entgegengelebt haben:
Wenn Dietrich Bonhoeffer im Gefängnis und vor einem Weg, der ihn selbst in den Tod führt, erfährt, daß er von guten Mächten wunderbar geborgen ist, - wenn Martin Luther King, bedroht von haßerfüllten Menschen, den Traum von einem neuen Frieden zwischen Schwarz und Weiß träumt, wenn christliche Erzieher im Nahen Osten trotz Bürgerkrieg und Haßparolen unbeirrt christliche und muslimische Kinder zu Achtung und Verständnis füreinander anleiten.
Ich habe besonders auch die Großmutter meiner Frau vor Augen, die die letzten 20 Jahre ihres Lebens mit multipler Sklerose an ihr Bett gebunden war, zuletzt nur noch ihren Kopf bewegen konnte, aber mit Disziplin und Freundlichkeit all die Jahre ihren Haushalt lenkte und nie nachließ, in geistigem Verstehen und geistlichem Verständnis an sich zu arbeiten. Mancher machte die Tür zu ihrem Krankenzimmer auf und dachte, er müßte kommen, um zu trösten - und ging dann selbst von guten Worten gestärkt und getröstet wieder hinaus.

Und so ist es nicht nur der Liederdichter Johann Franck, sondern es sind nach ihm viele, viele Menschen, die dieses, sein Lied gesungen, gebetet und in ihrem Herzen bewegt haben, die uns einladen, Jesus und das, was er gebracht hat, als unsere Freude zu erfahren.
Amen.

Ich steh an deiner Krippen hier

1. Ich steh an deiner Krippen hier, o Jesu, du mein Leben; ich komme, bring und schenke dir, was du mir hast gegeben. Nimm hin, es ist mein Geist und Sinn, Herz, Seel und Mut, nimm alles hin und laß dir's wohlgefallen.

2. Da ich noch nicht geboren war, / da bist du mir geboren / und hast mich dir zu eigen gar, / eh ich dich kannt, erkoren. / Eh ich durch deine Hand gemacht, / da hast du schon bei dir bedacht, / wie du mein wolltest werden.

3. Ich lag in tiefster Todesnacht, / du warest meine Sonne, / die Sonne, die mir zugebracht / Licht, Leben, Freud und Wonne. / O Sonne, die das werte Licht / des Glaubens in mir zugericht', / wie schön sind deine Strahlen!

4. Ich sehe dich mit Freuden an / und kann mich nicht satt sehen; / und weil ich nun nichts weiter kann, / bleib ich anbetend stehen. / O daß mein Sinn ein Abgrund wär / und meine Seel ein weites Meer, / daß ich dich möchte fassen!

5 Wann oft mein Herz im Leibe weint / und keinen Trost kann finden, / rufst du mir zu: »Ich bin dein Freund, / ein Tilger deiner Sünden. / Was trauerst du, o Bruder mein? / Du sollst ja guter Dinge sein, / ich zahle deine Schulden.«

6 O daß doch so ein lieber Stern / soll in der Krippen liegen! / Für edle Kinder großer Herrn / gehören güldne Wiegen. / Ach Heu und Stroh ist viel zu schlecht, / Samt, Seide, Purpur wären recht, / dies Kindlein drauf zu legen!

7 Nehmt weg das Stroh, nehmt weg das Heu, / ich will mir Blumen holen, / daß meines Heilands Lager sei / auf lieblichen Violen; / mit Rosen, Nelken, Rosmarin / aus schönen Gärten will ich ihn / von oben her bestreuen.

8 Du fragest nicht nach Lust der Welt / noch nach des Leibes Freuden; / du hast dich bei uns eingestellt, / an unsrer Statt zu leiden, / suchst meiner Seele Herrlichkeit / durch Elend und Armseligkeit; / das will ich dir nicht wehren.

9 Eins aber, hoff ich, wirst du mir, / mein Heiland, nicht versagen: / daß ich dich möge für und für / in, bei und an mir tragen. / So laß mich doch dein Kripplein sein; / komm, komm und lege bei mir ein / dich und all deine Freuden.

Text: Paul Gerhardt 1653
Melodie: Johann Sebastian Bach 1736

Predigt am 4. Advent (22. Dezember 1991)
über das Lied
"Ich steh an deiner Krippen hier"
von Paul Gerhardt (1653)
EG 37

Liebe Gemeinde! Wir haben eben die ersten vier Strophen dieses schönsten Weihnachtsliedes von Paul Gerhardt gesungen. Getragen wurde unser Gesang von Johann Sebastian Bachs andächtiger, einfühlsamer Melodie und der bewegten Baßstimme, die er dazu geschrieben hat.
Warum rührt uns dieses Lied so besonders an?
Es ist wohl dies, daß es uns nicht als Beobachter draußen stehen läßt, sondern daß es uns direkt zur Krippe hinführt:
"Ich steh an deiner Krippen hier" - mit diesen Worten nimmt Paul Gerhardt jeden, der dieses Lied singt, mit, stellt er uns hin an den einfachen, äußerlich unscheinbaren Ort der Geburt Jesu. Jeder von uns soll direkt mit dabei sein. Alles, was sich zwischen uns und das Kind in der Krippe stellen könnte, fällt fort. Der zeitliche Abstand von vielen hundert Jahren, der räumliche Abstand zu dem Geschehen im fernen Bethlehem - sie werden einfach übersprungen. Und es beginnt ein andächtiges Nachdenken, eine Zwiesprache mit dem Kind, ein Meditieren darüber, was sich hier ereignet und was Jesu Geburt über alle Zeiten hinweg sagen will - und zwar nicht nur allgemein für die Menschheit, sondern für mich persönlich, für mich in meinem ganz eigenen Leben.

V. 1 Die erste Strophe eröffnet den Raum des andächtigen Nachdenkens, des Meditierens. Der Gedanke, an der Krippe zu stehen, ist der Bibel entnommen: der Geschichte von den Hirten, die zur Krippe eilen, der Geschichte von den Weisen aus dem Osten, die dem Kind ihre Gaben bringen. Aber er wird gleich persönlich auf den Betrachter, auf mich angewandt:
Ich steh an deiner Krippen hier, o Jesu, du mein Leben...
Daß Jesus *mein Leben* ist, ist bereits eine zentrale Aussage:
Jesus ist *mein Leben* als der, der für mich gelebt hat: der meine Gestalt angenommen hat, der geworden ist wie einer von uns - als Kind geboren, hilfsbedürftig wie jedes Baby, berührt von liebevoller Zuwendung wie jeder von uns, ergriffen von Freude und Leid - wie jeder, der auf der Erde lebt. *Mein Leben*, das bedeutet aber auch: das von Jesus geschenkte Leben - von ihm geschenkt, weil ich es im Lichte seiner Liebe leben kann, weil er mir die Liebe Gottes in einzigartiger Weise gezeigt und dargeboten hat.

Und dem entspricht, daß Paul Gerhardt, als er an die Krippe tritt, dem Jesuskind nicht nur irgendeinen Teil dessen bringen will, was er besitzt, auch nicht nur ein einzelnes Erlebnis, eine einzelne Erfahrung, sondern sich selbst mit seiner ganzen Person:
ich komme, bring und schenke dir, was du mir hast gegeben.
Nimm hin, es ist mein Geist und Sinn, Herz, Seel und Mut,
nimm alles hin und laß dirs wohlgefallen.
Dies alles, was ich bin: daß ich denken und fühlen kann, daß ich Geist und Sinn habe, Herz, Seele und Mut, das habe ich ja nicht mir zu verdanken, das ist mir geschenkt, gegeben. Mit allem, was unser Leben ausmacht, was wir haben und sind, stehen wir an der Krippe. Wenn wir es Jesus bringen, nehmen wir ernst, daß wir das alles nicht wie einen Besitz haben, sondern wie ein anvertrautes Pfand, wie eine einzigartige Gelegenheit; wir vertrauen es ihm an, damit es von seinem Blick beseelt, von seinem Segen neu belebt wird.

Wie das Leben dieses Kindes und mein Leben verbunden sind, davon erzählt das ganze Lied, das beschreibt Paul Gerhardt in neun Strophen, die erfüllt sind vom Staunen über das, was zuerst die Hirten und die Weisen in der kleinen Stadt Bethlehem erlebt haben.

V. 2 Die zweite Strophe enthält vielleicht die kühnste aller Aussagen. Sie greift am weitesten aus. Sie verbindet den Anfang unseres Lebens mit dem Anfang des Lebens Jesu, ja mit dem Anfang der Schöpfung überhaupt:
Da ich noch nicht geboren war, da bist du mir geboren
und hast mich dir zu eigen gar, eh ich dich kannt, erkoren.
Eh ich durch deine Hand gemacht, da hast du schon bei dir bedacht,
wie du mein wolltest werden.
Paul Gerhardt will sagen: Am Kind in der Krippe sehen wir, daß Gott von Anfang an, ja schon vor aller Zeit, einen guten Willen mit uns hatte: Ich bin nicht nur ein zufälliges Leben, irgendeine beliebige Existenz unter Milliarden von Menschen, nur irgendein Teilchen im endlosen Weltall, nein, in Jesus hat sich Gott mich, so wie ich bin, so wie ich hier in der Kirche sitze, ausgewählt. Ein ungeheurer Gedanke! Ein Gedanke, der dem Leben eines jeden von uns einen einzigartigen, unermeßlichen Wert verleiht: Noch ehe wir im Mutterleib Gestalt gewonnen haben, noch ehe wir nach Gottes Willen geformt wurden, ist Jesus für uns geboren, hat er schon sein Leben für mich gelebt.
Bin ich damit gemeint? Ich mit meinen Sorgen und Lasten, ich mit meinen Ängsten und Fehlern, ich mit dem, was ich gut machen will und was mir oft doch so wenig gelingt? Ja, will Paul Gerhardt sagen, ja, ich bin damit gemeint,

so wie ich bin. An mich hat Jesus gedacht, daran, wie er zu mir in mein Leben kommen könnte.

V. 3 In der dritten Strophe wird das weiter entfaltet. Und wie eben in der zweiten Strophe Zeit und Ewigkeit durch Jesus mit meinem einen kurzen Leben zusammengebracht wurden, so wird jetzt alles umfangen, was in meinem Leben Raum greifen kann: von der finstersten Not bis zur hellsten Freude:
Ich lag in tiefster Todesnacht, du warest meine Sonne,
die Sonne, die mir zugebracht Licht, Leben, Freud und Wonne.
O Sonne, die das werte Licht des Glaubens in mir zugericht',
wie schön sind deine Strahlen.
Es ist eine Strophe voll der größten Kontraste, die wir uns vorstellen können. Die tiefste Todesnacht: Damit ist das größte Dunkel gemeint, in das wir in unserem Leben fallen können: das Dunkel einer Schuld, das Dunkel einer Verlassenheit, das Dunkel des Schmerzes, ja auch die Angst vor dem eigenen Tod gehört hierher.
Ich denke, mancher unter uns kennt Stunden, in denen es nur Verzagen, nur Gottesferne zu geben scheint. Eben daran erinnert sich Paul Gerhardt aus seinem eigenen Leben, einem Leben, das viele Jahre lang den Schrecken des 30jährigen Krieges ausgesetzt war.
Und er erinnert sich daran, wie gerade dort, in der größten Dunkelheit, das Kind in der Krippe zu der Sonne geworden ist, die es hell machte, die es aufstrahlen ließ: Licht, Leben Freud und Wonne. Es kann gar nicht mit genug Worten der Helligkeit, der Freundlichkeit, des Lebens zum Ausdruck gebracht werden. Dabei verbreitet das Kind in der Krippe nicht nur einen Scheinglanz, nicht nur einen kurzen Optimismus, der später wieder verfliegt. Es ist vielmehr das Licht des **Glaubens**, das in mir angezündet wird. Es ist die Kraft, daß ich von Jesu Geist gehalten und ergriffen bin, daß ich von seiner Liebe durchdrungen werde, die es in meinem Leben hell macht, so, daß ich nur staunen kann über diese einzigartigen Sonnenstrahlen.

V. 4 Dieses Staunen füllt dann die ganze nächste Strophe aus:
Ich sehe dich mit Freuden an und kann mich nicht satt sehen;
und weil ich nun nichts weiter kann, bleib ich anbetend stehen.
O daß mein Sinn ein Abgrund wär und meine Seel ein weites Meer,
daß ich dich möchte fassen!
Der Blick verweilt hier auf dem Kind in der Krippe, auf dem einzigartigen Ereignis, das in diesem kleinen Menschlein sichtbar wird - geboren vor aller Zeit und doch auch geboren in dieser Nacht, die Kraft des Schöpfers selbst, und

Rika Unger: **heilige nacht**

nun doch ganz da in diesem einen irdischen Leben. Wie könnte man sich daran satt sehen?! Und so lädt uns Paul Gerhardt ein, stehen zu bleiben, anzubeten, still vor diesem Bild zu verweilen. Und dabei wächst der Wunsch, daß mein Sinn tief, abgrundtief werden könnte, und daß meine Seele sich weitet, daß sie weit wird wie das große Meer, damit sie dieses Wunder fassen kann.

V. 5 Von diesem andächtigen Staunen, von diesem weiten Blick kehrt Paul Gerhardt dann in der fünften Strophe in den Alltag zurück, und zwar dorthin, wo dieser Alltag von Not und Sorgen überschattet ist. Vielleicht ist dieses die unbekannteste Strophe unseres Liedes. Sie wird selten gesungen. Und doch ist gerade sie besonders hilfreich und tröstlich:
Wann oft mein Herz im Leibe weint und keinen Trost kann finden,
rufst du mir zu: 'Ich bin dein Freund, ein Tilger deiner Sünden.
Was trauerst du, o Bruder mein? Du sollst ja guter Dinge sein,
ich zahle deine Schulden.'
Wie mancher unter uns wird das erlebt haben, daß sein Herz vor Kummer weint, daß es keinen Trost finden kann: wenn wir einen lieben Menschen verloren haben, der ganz zu unserem Leben dazugehört; wenn wir hilflos neben einem Kranken oder neben einem tief deprimierten Menschen stehen; wenn uns die Bilder leidender Kinder auf dieser Welt wie ein tiefer Schmerz in die Seele fahren; wenn wir fanatische, aufgebrachte Menschen sehen, die mit Haßparolen über Ausländer herfallen; besonders aber, wenn wir selbst erleben, daß wir jemanden verletzt haben, daß wir Haßgefühle gegen andere haben, daß wir gegen Gottes Willen gehandelt haben.
Paul Gerhardt zeigt: Gerade dann will Jesus uns ansprechen, gerade dann ruft er uns aus der Krippe schon zu: "Hier bin ich: Ich bin dein Freund. Ich bin in dein Leben hineingekommen. Ich weiß, wie dir ist. Ich leide mit dir und für dich. Ich nehme von dir, was dich quält, wenn du schuldig geworden bist. Du bist mein Bruder, du darfst guter Dinge sein."

V. 6 Für Jesus, der so für uns da ist, der - wie Dietrich Bonhoeffer einmal gesagt hat - "der Mensch für andere" geworden ist, findet Paul Gerhardt nun ein besonders schönes Bild. Er nennt ihn einen "lieben Stern", und er meint damit, daß Jesus das Himmelslicht ist, das auf die Erde kommt. Aber dann muß er sich selbst wieder darüber wundern:
O daß doch so ein lieber Stern soll in der Krippen liegen!
Für edle Kinder großer Herrn gehören güldne Wiegen.
Ach Heu und Stroh ist viel zu schlecht, Samt, Seide, Purpur wären recht,
dies Kindlein drauf zu legen.

Paul Gerhardt fragt, wie denn dieses Himmelskind in einer einfachen Futterkrippe liegen kann, und er malt dann das Bild einer Fürstenwiege. Vielleicht hat mancher von uns schon einmal so ein Prachtexemplar gesehen, z.B. im Schloß von Ansbach: mit Samt und Seide ausgeschlagen, mit bestickten Kissen, mit einem hellblauen Himmeltuch darüber. - Freilich, wenn Jesus in einer solchen Krippe gelegen hätte, wäre er wohl fern von den einfachen Menschen groß geworden, für die er da ist und die er in seine Nachfolge ruft, er wäre in der sterilen Pracht eines Schlosses aufgewachsen. Und so ist dann das Lager für das Christkind, wie es sich Paul Gerhardt in Vers 7 wünscht, auch ganz anders. Es ist ein Lager voll duftender Blumen, das an Stelle von Stroh und Heu entsteht, wenn Paul Gerhardt ausruft:

V. 7 *Nehmt weg das Stroh, nehmt weg das Heu, ich will mir Blumen holen, daß meines Heilands Lager sei auf lieblichen Violen;*
mit Rosen, Nelken, Rosmarin aus schönen Gärten will ich ihn
von oben her bestreuen.
Nicht steril, fern von unserm Leben, soll Jesus liegen, sondern mitten in der Natur, umgeben von den Schönheiten der Schöpfung, die sich selbst über sein Kommen freut. Paul Gerhardt will sich selbst auf den Weg machen, um das Lager Jesu so umzuwandeln; es sind die Blumen des Paradiesgärtleins, das wir auf manchen mittelalterlichen Bildern dargestellt finden, die der Liederdichter aus schönen Gärten holen will, auf die er das Kind betten und mit denen er es von oben her bestreuen will, so daß sich rundherum Wohlgeruch ausbreitet.

V. 8 Doch dann besinnt sich Paul Gerhardt noch einmal auf den Weg Jesu, auf seinen einzigartigen, erstaunlichen Weg, der so gar nicht der Weg eines Fürstenkindes ist, der aber eben deswegen der Weg für mich, an meiner Seite, für meine Not wird:
Du fragest nicht nach Lust der Welt noch nach des Leibes Freuden;
du hast dich bei uns eingestellt, an unsrer Statt zu leiden,
suchst meiner Seelen Herrlichkeit durch Elend und Armseligkeit;
das will ich dir nicht wehren.
Paul Gerhardt nimmt hier Jesus in den Blick, wie er hingeht zu den Armseligen und Beladenen, wie er sie gesund macht und frei von Schuld und Sünde: Blinde, Lahme, Aussätzige, den Zöllner Zachäus, der sich seinen Reichtum ergaunert hat, den Widerstandskämpfer Simon, aber auch den Fischer Petrus, der ihn später sogar verleugnet. Er sieht Jesus, wie er selbst sich fesseln, schlagen und foltern läßt, als wäre er der Schuldige, ja, wie er sich schließlich ans Kreuz schlagen läßt, den Tod des gemeinsten Verbrechers erleidet. Krippe und Kreuz

liegen hier nicht weit auseinander, und das haben immer wieder auch Dichter und Maler gesehen, die die Weihnachtsgeschichte dargestellt haben. So hängt etwa in Roger van der Weidens Bild von der Anbetung der Könige mitten über dem Geburtsgeschehen oben am Balken des Stalles schon das Kruzifix, das Kreuz, das auf dieses Kind in der Krippe wartet. Aber dieser Weg hin zum Kreuz ist eben der Heilsweg, weil nur der, der mein Leben kennt, der mein Leben gerade auch in seinem Elend durchmessen hat, mein Erlöser sein kann. Paul Gerhardt will dem Christuskind diesen Weg nicht verwehren, weil es ja der Weg für unser Heil ist, so unerhört es auch erscheinen muß, daß das Kind Gottes ihn geht und auf sich nimmt.

Besonders schön kommt die Erfahrung, die Paul Gerhardt hier ausspricht, zum Ausdruck in einem Zwiegespräch mit dem Kind in der Krippe, das uns von dem Kirchenvater Hieronymus überliefert wird, der Ende des 4., Anfang des 5. Jahrhunderts lange Jahre in Bethlehem gelebt hat. Ähnlich wie Paul Gerhardt spricht Hieronymus direkt mit dem Kind, als hätte er es lebendig vor sich.

"- Ich sage (spricht Hieronymus): 'Ach, Herr Jesu, wie hart liegst du da um meiner Seligkeit willen. Wie soll ich dir vergelten!'
- Das Kindlein: 'Ich begehre nichts. Singe du: Ehre sei Gott in der Höhe und Friede auf Erden und den Menschen ein Wohlgefallen - und laß dirs lieb sein! Ich will noch viel dürftiger werden im Ölbergen und am heiligen Kreuz.'
- Ich spreche weiter: 'Du liebes Kind, ich muß dir etwas geben, ich will dir all mein Geld geben.'
- Das Kindlein: 'Ist schon zuvor Erde und Himmel mein. Mein ist Silber und Gold, ich bedarf nichts; gibs armen Leuten, das will ich annehmen, als sei es mir selbst gegeben!'
- Ich sage: 'Das will ich gern tun; aber ich will auch dir etwas geben - oder ich muß vor Leide sterben.'
- Da hört ich die Antwort: 'Willst du ja so freigebig sein, so will ich dir sagen, was du mir geben sollst: Gib mir her deine Sünden, dein böses Gewissen und deine Verdammnis ... Ich wills auf meine Schultern nehmen.' -
- Da fang ich an, bitterlich zu weinen und sage:
'O Kindlein! Ich dachte, du wolltest, was ich gutes habe; aber du willst, was ich böses habe ...'"
(nach Jörg Erb: Die Wolke der Zeugen)

Hieronymus hat in seinem Leben immer diese unmittelbare Nähe zum Christuskind gesucht, hat sich inspirieren lassen von dem Ort und Geschehen in

Bethlehem. Er hat dort sein großes Werk vollendet, die Übersetzung der Bibel ins Lateinische - die "Vulgata".

Die innige Beziehung zum Kind in der Krippe, die sich in diesem Zwiegespräch ausdrückt, hätte ihn sicher auch in den letzten Wunsch einstimmen lassen, den Paul Gerhardt in der neunten Strophe seines Liedes vorträgt:

V. 9 *Eins aber, hoff ich, wirst du mir, mein Heiland, nicht versagen:*
daß ich dich möge für und für in, bei und an mir tragen.
So laß mich doch dein Kripplein sein; komm, komm und lege bei mir ein
dich und all deine Freuden.
So wie es am Anfang des Liedes geheißen hat, daß ich mich an der Krippe selbst mit Geist und Sinn, Herz, Seel und Mut dem Kind hingebe, so gibt es hier am Schluß nun die Gegenbewegung: daß nämlich Jesus selbst zu mir, in mich hinein kommt. Und was kann es wertvolleres geben als dies: daß ich gleichsam ein Gehäuse des Christus werde, daß er mein Herz erfüllt, daß er, der für mich gelebt und gelitten hat, durch mich hindurch wirksam wird. Dann ist vielleicht auf unseren Gesichtern ein Abglanz seiner Freuden zu erkennen, in unseren Taten ein Abglanz seiner Freundlichkeit, und wir können denen, die auf Licht und Wärme warten, das Licht des Christkindes bringen.
Amen.

Es kennt der Herr die Seinen
1. Korinther 13,13

1. Es kennt der Herr die Seinen und hat sie stets gekannt, die Großen und die Kleinen in jedem Volk und Land; er läßt sie nicht verderben, er führt sie aus und ein; im Leben und im Sterben sind sie und bleiben sein.

2 Er kennet seine Scharen / am Glauben, der nicht schaut / und doch dem Unsichtbaren, / als säh er ihn, vertraut; / der aus dem Wort gezeuget / und durch das Wort sich nährt / und vor dem Wort sich beuget / und mit dem Wort sich wehrt.

3 Er kennt sie als die Seinen / an ihrer Hoffnung Mut, / die fröhlich auf dem einen, / daß er der Herr ist, ruht, / in seiner Wahrheit Glanze / sich sonnet frei und kühn, / die wunderbare Pflanze, / die immerdar ist grün.

4 Er kennt sie an der Liebe , / die seiner Liebe Frucht / und die mit lauterm Triebe / ihm zu gefallen sucht, / die andern so begegnet, / wie er das Herz bewegt, / die segnet, wie er segnet, / und trägt, wie er sie trägt.

5 So kennt der Herr die Seinen, / wie er sie stets gekannt, / die Großen und die Kleinen / in jedem Volk und Land / am Werk der Gnadentriebe / durch seines Geistes Stärk, / an Glauben, Hoffnung, Liebe / als seiner Gnade Werk.

6 So hilf uns, Herr, zum Glauben / und halt uns fest dabei; / laß nichts die Hoffnung rauben; / die Liebe herzlich sei! / Und wird der Tag erscheinen, / da dich die Welt wird sehn, / so laß uns als die Deinen / zu deiner Rechten stehn.

Text: Philipp Spitta 1843
Melodie: Ich weiß, woran ich glaube (Nr. 357)
Andere Melodie: Ich freu mich in dem Herren (Nr. 349)

Dialogpredigt mit Pfarrer Fridolin Förster (28. Juni 1992)
zu dem Lied
"Es kennt der Herr die Seinen"
von Philipp Spitta (1843)
EG 358

Pfarrer Förster:
Liebe Gemeinde, das ist ja eine schöne und eingängige Melodie. Das Lied läßt sich ohne große Schwierigkeiten heruntersingen und musizieren. Es hat musikalische Bögen, die immer wieder zum Grundton zurückkehren. Sie werden sicher gerne das aufmunternde Vorspiel unseres Posaunenchores dazu gehört haben und beim Singen gespürt haben, wie sich ein vertrauensvoller Grundzug durch die Liedstrophen zieht.
Und auf den ersten Blick erscheint auch der Text, den Philipp Spitta 1843 gedichtet hat, ganz gut: "Gott, der Herr, kennt die Seinen." Jeder, der sich zur Familie Gottes rechnet, fühlt sich da angesprochen und bestätigt: Gott kennt mich und läßt mich nicht verderben. Das ist sehr beruhigend...
Aber ist das nicht ein wenig zu familiär, um nicht zu sagen kleinkariert? Gott kümmert sich nur um die Seinen, um die, die sowieso schon zu ihm gehören?! Das ist ja wie bei Eltern, die viel für ihre Kinder tun, aber die ganze andere Welt bleibt bei ihnen draußen. Schon eine Familie bei uns kann sich das in der heutigen Gesellschaftslage mit den vielen Problemen, z.B. den Hungernden in der Ferne oder den einsamen Alten in der Nähe nicht leisten, nur für sich zu sein und zu leben. Wieviel mehr muß ich von Gott fordern, daß er nicht zu eng ist, nur familienbezogen, nur die Seinen betreut. Gott ist doch der Schöpfer aller Menschen. Dann muß er sich auch um alle kümmern.

Prof. Lähnemann:
Ich denke, Herr Pfarrer Förster, mit ihrem letzten Satz weisen Sie schon in die richtige Richtung. Wir müssen sehen, daß der Liederdichter hier nicht etwa andere ausgrenzen will, wenn er sagt: *Es kennt der Herr die Seinen*:
Grundsätzlich gehören **alle** zu Gott, grundsätzlich sind **alle** die Seinen, die täglich davon leben, daß ihnen Sonne und Regen, Wasser und Luft, Erde und Pflanzen geschenkt werden, ohne daß sie es sich selbst verdient hätten.
Ja, Gott zeigt uns in Jesus, daß er gerade die als die Seinen haben will, die von sich aus wenig bieten können: Er liebt und segnet die kleinen Kinder, er heilt Aussätzige und Gelähmte, er ruft Menschen, die böse gewesen sind, in seine Nachfolge; er geht auf die Gassen und Straßen der Stadt und auf die Landstraßen

und an die Zäune, um die zu sich einzuladen, die kein Zuhause haben, so wie wir es vorhin im Gleichnis vom großen Abendmahl gehört haben.

Pfarrer Förster:
Die Familie Gottes umfaßt also nicht nur die Allernächsten, sondern gerade auch die Fernen - und dazu sollen besonders auch die gehören, die keine Lobby haben in der Welt, die Zukurzgekommenen, die auf der Schattenseite des Lebens stehen.
Wenn das die Meinung des Liederdichters und vor allem der Bibel ist, wie Sie, Herr Lähnemann, sagen, dann singe ich dieses Lied umso lieber. Denn manchmal zähle ich mich auch zu den Kleinen, fühle ich mich bei den Benachteiligten, suche ich nach jemand, der mich führt und leitet. Wenn ich gerade in schwierigen Zeiten nicht ausgeschlossen bin, dann stimme ich dem gern zu: Es kennt der Herr die Seinen und hat sie stets gekannt.

Aber kann ich mich immer daran halten? Kann sich jeder darauf verlassen, daß Gott immer bei ihm ist, im Leben und im Sterben, wie es in unserem Lied heißt? Gibt es nicht viele Menschen, die im wahrsten Sinne des Wortes "gottverlassen" sind - die unter Krieg oder Krankheit leiden, die allein stehen, die verzagt oder traurig sind, denen Unrecht geschieht, gegen das sie sich nicht wehren können. Die merken doch wahrlich nicht, daß Gott sie aus- und einführt!

Prof. Lähnemann:
Gewiß hat Philipp Spitta diesen Vers bewußt so geschrieben. Und gewiß hat er ihn nicht leichtsinnig geschrieben. Er hat mit Sicherheit von all den Nöten gewußt, von denen Menschen heimgesucht werden können, ja von denen auch glaubende Menschen bedrängt werden.
Aber er nimmt hier den Herrn in den Blick, der in Jesus Christus als Mensch die Großen und Kleinen selbst kennt. Er kann sie führen, weil er selbst ihren Weg mitgeht, auch den Weg in die Nöte hinein und durch die Nöte hindurch. Er ist es, der noch in seinem Sterben am Kreuz den Schächer, den reuigen Verbrecher, der neben ihm hing, getröstet und ihm gesagt hat: "Heute noch wirst du mit mir im Paradies sein."
Ihm dürfen wir uns anvertrauen. Ihm dürfen wir auch alle anvertrauen, um deren Nöte wir wissen - und zwar besonders auch da, wo unsere Kraft zum Helfen nicht hinreicht, wo unser Trost zu Ende ist, wo wir vor unlösbaren Rätseln stehen.
Unserer Familie ist es einmal geschenkt worden, mit diesem Liedvers einzigartig getröstet zu werden - als uns nämlich im Alter von 13 Monaten unser kleiner

Junge genommen wurde, bei dessen Taufe wir dieses Lied gesungen haben. Wir haben es dann auch bei seiner Trauerfeier gesungen und uns den Trost der schönen Worte ins Herz geben lassen.

Pfarrer Förster:
Wenn Sie das Lied so erfahren haben, würden Sie dann sagen können: An diesem Lied kann man den christlichen Glauben besonders gut erkennen? Wir haben heute ja auch Angehörige anderer Glaubensgemeinschaften zu Gast. Könnten wir z.B. einem Muslim mit diesem Lied besonders deutlich zeigen, was für unseren Glauben wichtig ist?

Prof. Lähnemann:
Ganz bestimmt. Philipp Spitta, der Dichter unseres Liedes, war ein christlicher, ein evangelischer Theologe, der in dieses Lied seine ganze Glaubenserfahrung und Glaubenszuversicht hineingelegt hat. Als Theologe, der von Martin Luther herkommt, orientiert er sich dabei am Wort der Bibel.
Über unserem Liedtext stehen zwei Bibelstellen, nämlich:
2. Timotheus 2,19 - von daher hat Spitta sein Leitmotiv genommen: "Der Herr kennt die Seinen" - und 1. Korinther 13,13: Das ist der Schluß des Kapitels, das wir das Hohe Lied der Liebe nennen, in dem Paulus die Liebe preist und besingt. Am Ende dieses Kapitels faßt er zusammen: "Nun aber bleiben Glaube, Hoffnung, Liebe". - In diesen drei Worten sieht Spitta zusammengefaßt, was christliche Glaubenserfahrung ausmacht, und deshalb legt er sie in den nächsten Versen aus. In Vers zwei als erstes den Glauben:
V. 2 *Er kennet seine Scharen am **Glauben**, der nicht schaut*
und doch dem Unsichtbaren, als säh er ihn, vertraut,
der aus dem Wort gezeuget und durch das Wort sich nährt
und vor dem Wort sich beuget und mit dem Wort sich wehrt.
Der Glaube - so heißt es hier - ist das Vertrauen, das wir auf Gott setzen, auch wenn wir ihn nicht sehen. Es ist das Vertrauen, das auf Gott und sein Wort baut, auch wenn es keinen äußeren Beweis für Gott gibt.
Ein Beispiel für diesen Glauben erzählt uns das Markusevangelium: Es ist der blinde Bartimäus, der als Bettler am Wege bei Jericho sitzt. Er kann Jesus nicht sehen, er hat nur von ihm gehört. Aber er richtet seine ganze Erwartung auf ihn. Er ruft nach ihm und legt ihm voll Vertrauen sein ganzes armes Leben zu Füßen. Und Jesus kann ihn sehend machen und zu ihm sagen: "Dein Glaube hat dich gerettet". Das Vertrauen in Jesus schenkt sehende Augen.

Solches Vertrauen kann - so dichtet Philipp Spitta weiter - aus dem Wort wachsen, das Gott uns schenkt. Und das eine Wort Gottes, auf das es für uns im christlichen Glauben zentral ankommt, ist niemand anders als Jesus Christus selbst: Gottes Wort ist für uns in Jesus Christus Mensch geworden, wie es im Johannesevangelium heißt. Von diesem Wort kommt unser Glaube her, von diesem Wort erhält er täglich seine Kraft, von diesem Wort wird ihm Wegweisung gegeben; ja, mit diesem Wort kann sich unser Glaube wehren, er muß sich sogar wehren, wenn sich Ungerechtigkeit auf dieser Welt breit macht.
Aber: Trägt dieses Wort auch in die Zukunft hinein, angesichts all dessen, was uns düster in die Zukunft schauen lassen könnte: wenn wir daran denken, wie bedroht Gottes Schöpfung, wie bedroht das ganze Leben auf der Erde ist?

Pfarrer Förster:
Ich denke, da finden wir Antwort im folgenden Vers. In der dritten Strophe unseres Liedes heißt es:
V. 3 *Er kennt sie als die Seinen an ihrer **Hoffnung** Mut,*
die fröhlich auf dem einen, daß er der Herr ist, ruht;
in seiner Wahrheit Glanze sich sonnet frei und kühn,
die wunderbare Pflanze, die immerdar ist grün.
Ja, Philipp Spitta hat recht: Damals wie heute gehört Mut dazu, nicht zu resignieren, an den Verhältnissen nicht zu verzweifeln. Es braucht Mut, gegen Streit und Krieg an der Hoffnung festzuhalten, daß das Ziel für die Menschen dennoch der Friede ist. Es braucht Mut, gegen alle Umweltzerstörung und Profitgier die Hoffnung festzuhalten: Das Ziel ist nicht die sterbende Erde, verhungernde Menschen und verendende Tiere, sondern Gottes neue Schöpfung. Was uns den Mut zu solcher Hoffnung gegen den äußeren Schein gibt und damit auch zum entsprechenden Handeln, ist - so unser Lieddichter - daß die Hoffnung *auf dem einen, daß er der Herr ist, ruht*. Zwar möchten wir gern beweiskräftig erleben, daß Gott auch jetzt noch die Fäden zieht, daß er in all den Widerständen des Lebens ein sichtbares Zeichen gibt, das einem hilft. Aber, formuliert ein Dichter unseres Jahrhunderts, Jochen Klepper, "das ist eben Gottes Zeichen: daß er einen durchhalten und es wagen und unter Umständen auch dulden läßt."

Gott kennt die Seinen und ist der Herr dieser Welt. Das ist unser Lebenselixier. Auf Gott setzen wir unsere Hoffnung. Weil alles in ihm Bestand hat, erhalten wir immer wieder neuen Mut. Wir, seine Menschen, die Großen und die Kleinen, die Insider und die Außenstehenden, wir dürfen und können nur leben, umgeben von Gottes Wahrheit und Treue. Wie sich Pflanzen der Sonne zuwenden und so grünen und gedeihen, können sich Menschen auf das verlassen, was

Gott zusagt: Er kennt seine Erde und seine Menschen und will, daß sie "grünen", gedeihen, ihr Leben vor ihm leben.

Prof. Lähnemann:
"Nun aber bleiben Glaube, Hoffnung, Liebe, diese drei": So schreibt Paulus. Und er fügt hinzu: "Aber die Liebe ist die größte unter ihnen".
Ebenso hat Phillipp Spitta seinen Vers über die Liebe an das Ende den Dreiklangs gestellt:

V. 4 *Er kennt sie an der* **Liebe**, *die seiner Liebe Frucht,*
und die mit lauterm Triebe ihm zu gefallen sucht;
die andern so begegnet, wie er das Herz bewegt;
die segnet, wie er segnet und trägt, wie er sie trägt.

Wir alle wissen, wie erfrischend und ermutigend es ist, Menschen zu begegnen, die von Liebe und Herzlichkeit erfüllt sind: Bei einer solchen Begegnung brauchen wir keine Angst zu haben. Da wissen wir: Hier werden wir auch mit unseren schwachen Seiten freundlich angesehen; hier werden wir mit unseren guten Eigenschaften beflügelt, hier können Mißverständnisse nicht zu Verletzungen führen.

Wer wirklich von Liebe bewegt ist, der weiß aber auch, daß er sie nie nur aus sich selbst heraus hat, sondern daß sie ihm möglich ist, weil andere ihm Liebe geschenkt haben, ja, daß Liebe letztlich ein Wunder ist, von dem wir alle leben. Jesus als Wunder der Menschlichkeit und Liebe: Das ist das Bild der Liebe Gottes, das uns Christen vor Augen steht und von dem wir herkommen. Es ist der Kraftquell dieser Liebe, den Philipp Spitta in Vers vier beschreibt: Unsere Liebe ist die Frucht der Liebe Gottes. Gott will durch sie in mir wirken, durch mich hindurch, damit ich anderen so begegne, wie er mir das Herz bewegt hat: eine Bewegung, die von Gott her durch uns hindurch zu anderen geht. Dann können wir Segen weitergeben, so wie er uns gesegnet hat, dann können wir anderen tragen helfen, so wie er uns trägt.

Pfarrer Förster:
Wenn ich genau darüber nachdenke, fällt mir auf, daß Glaube, Hoffnung, Liebe im Leben eines jeden Menschen wichtig und nötig sind, gleich ob einer Christ oder Buddhist, ob er ein Beter ist oder vorwiegend seine Tatkraft in dieser Welt einsetzt. Ohne Glaube, Hoffnung, Liebe kann unsere Welt nicht existieren.
Als Christen empfangen wir sie aus dem biblischen Wort, daraus, daß Gott in Christus zu uns gekommen ist.
Aber wir stehen damit an der Seite all derer, die - gleich in welcher Religion oder Nation - nach Glaube, Hoffnung, Liebe suchen.

Rika Unger: **"Du und ich" - "Fußwaschung"**

Philipp Spitta faßt am Ende seines Liedes noch einmal alles, was er über Glaube, Hoffnung, Liebe gesagt hat, zusammen in der fünften Strophe. Diesen Vers hat er zu einem Gebet gestaltet, und in dieses Gebet wollen wir am Ende dieser Predigt einstimmen.
An der Seite all derer, die sich nach Glaube, Hoffnung und Liebe sehnen, wollen wir gemeinsam die Worte sprechen:
V. 6 *So hilf uns, Herr, zum **Glauben** und halt uns fest dabei;*
*laß nichts die **Hoffnung** rauben; die **Liebe** herzlich sei!*
Und wird der Tag erscheinen, da dich die Welt wird sehn,
so laß uns als die Deinen zu deiner Rechten stehn.
Amen.

O Heiland, reiß die Himmel auf

1. O Heiland, reiß die Himmel auf, herab, herab vom Himmel lauf, reiß ab vom Himmel Tor und Tür, reiß ab, wo Schloß und Riegel für.
Jesaja 64,1

2. O Gott, ein' Tau vom Himmel gieß, / im Tau herab, o Heiland, fließ. / Ihr Wolken, brecht und regnet aus / den König über Jakobs Haus.
Jesaja 45,8

3. O Erd, schlag aus, schlag aus, o Erd, / daß Berg und Tal grün alles werd. / O Erd, herfür dies Blümlein bring, / o Heiland, aus der Erden spring.
Jesaja 11,1

4. Wo bleibst du, Trost der ganzen Welt, / darauf sie all ihr Hoffnung stellt? / O komm, ach komm vom höchsten Saal, / komm, tröst uns hier im Jammertal.

5. O klare Sonn, du schöner Stern, / dich wollten wir anschauen gern; / o Sonn, geh auf, ohn deinen Schein / in Finsternis wir alle sein.

6. Hier leiden wir die größte Not, / vor Augen steht der ewig Tod. / Ach komm, führ uns mit starker Hand / vom Elend zu dem Vaterland.

7. Da wollen wir all danken dir, / unserm Erlöser, für und für; / da wollen wir all loben dich / zu aller Zeit und ewiglich.

Text: Friedrich Spee 1622; Strophe 7 bei David Gregor Corner 1631
Melodie: Köln 1638, Augsburg 1666

Predigt am 4. Advent (20. Dezember 1992)
über das Lied
"O Heiland, reiß die Himmel auf"
von Friedrich von Spee (1622)
EG 7

Liebe Gemeinde! Als wir am vergangenen Montag mit einer Runde von Studentinnen und Studenten zusammensaßen und gemeinsam Advents- und Weihnachtslieder sangen, sagte einer der Studenten: "Für mich ist gegenwärtig eine Situation, in der ich die alten Advents- und Weihnachtslieder neu singe, sie ganz neu verstehe."
Ich denke, er hat Recht. Denn sind uns die Worte, die wir eben gesungen haben - *O Heiland, reiß die Himmel auf* - nicht aus dem Herzen gerufen, wenn wir in diesen Wochen mit Nachrichten aus Ländern in anderen Erdteilen, aber besonders auch in Europa und nicht zuletzt in unserem Land vor Ausbrüchen von Gewalt, von Fanatismus stehen, die aller Menschlichkeit spotten: gegenüber Ausländern und besonders Asylbewerbern bei uns, gegenüber hilflosen Frauen, Kindern und alten Menschen in Bosnien, gegenüber Andersgläubigen in Nordirland, in Nigeria, in Indien. Elementarste Regeln des Anstands und der Achtung voreinander werden verletzt, und es gibt immer noch Machthaber und intelligente Fanatiker, die den geistigen Zündstoff dafür liefern, daß die Gebote Gottes mit Füßen getreten werden.

O Heiland, reiß die Himmel auf - so ruft es Friedrich von Spee, der Dichter unseres Liedes. Er ruft es in einer Zeit, die noch weit drückender, noch chaotischer ist als das, was uns bedrängt: in den Jahren des 30jährigen Krieges, der ganze Gegenden Deutschlands zu Einöden gemacht hat, wo Mord, Raub, Brandschatzung wie eine Pest um sich griffen, wo 3/4 der gesamten Bevölkerung des Landes den Gemetzeln zum Opfer fielen. Friedrich von Spee war Jesuit, ein katholischer Theologe. Sein Lied gehört aber seit langem auch zum evangelischen Liedschatz - und das mit Recht. - Friedrich von Spee war ein Rufer der Menschlichkeit, einer tief menschlichen christlichen Frömmigkeit - nicht nur gegen die Kriegsgreuel, sondern auch gegen den schlimmsten Wahn seiner Zeit - gegen die Hexenverfolgungen, die ungezählte unschuldige Frauen auf den Scheiterhaufen brachten. Sein Buch gegen die Praxis der Hexenprozesse rüttelte viele Leser auf und brachte erstmals Fürsten dazu, die Hexenverfolgung einzuschränken.

Bei Friedrich von Spee finden wir also beides: den Ruf, ja den Schrei nach der Hilfe Gottes - und gleichzeitig die mutigen eigenen Schritte gegen eine Übermacht an Wahn und Verblendung. Und das macht sein Lied für uns so echt und glaubwürdig, weil wir uns hier auch mit den Nöten unserer Zeit, mit unseren Anfechtungen verstanden sehen.

Spees Lied ist ein Lied brennender Sehnsucht, der Sehnsucht nach Hilfe und nach Erlösung. In eindrucksvollen Bildern fleht er die Rettung vom Himmel herbei, immer wieder eingeleitet mit dem *"O"*. *O Heiland, O Gott, o komm*, ja selbst Erde und Sonne bezieht er in seine Rufe mit ein.
Die Bilder, die er verwendet, nimmt er aus der Bibel, vor allem aus dem Jesajabuch. In Jesaja 64 bittet der Prophet für sein gedemütigtes, bedrücktes Volk: "Ach, daß du die Himmel zerrissest und führest herab..." Friedrich von Spee bezieht dieses Bild auf das Kommen Jesu, das Kommen des Heilandes, auf den, der direkt aus dem Himmel, von Gott geschickt wird:
V. 1 *O Heiland, reiß die Himmel auf,*
herab, herab vom Himmel lauf;
reiß ab vom Himmel Tor und Tür,
reiß ab, wo Schloß und Riegel für.
Hier wird die Sehnsucht herausgesungen, daß der Himmel sich auftut, daß er aufgerissen wird. - Wir erleben es ja manchmal, daß auch der Himmel, den wir über uns sehen, verdeckt ist von grauen, drückenden Wolken, daß keine Helligkeit durchdringt. Welches Erlebnis ist es da, wenn die Wolken auf einmal aufreißen, wenn ein Lichtstrahl, ein Sonnenstrahl durchdringt, direkt in unser Herz hinein. - Und wir erleben es auch, daß unser Gemüt manchmal verdunkelt ist von den Wolken der Sorge, der Angst, des Kummers. Welches Erlebnis ist es da, wenn diese Wolken zerrissen werden von einer guten Nachricht, einem frohmachenden Wort, einer zu Herzen gehenden Freundlichkeit.
Der Dichter unseres Liedes breitet hier alle Not der Welt vor Gott aus, die persönliche Not wie die Not der Völker, aber auch die Not der geplagten Schöpfung. Er ruft den Heiland, daß er den Himmel aufreißt, daß er uns Gottes Welt auftut, daß er selbst herabläuft zu uns, daß er uns die Wirklichkeit des Himmels schenkt, die Wirklichkeit, die unseren Augen oft ganz verschlossen ist, die aber unsere Wirklichkeit verwandeln kann.
Seine innige Bitte hat dabei etwas Dynamisches, Drängendes. Zweimal ruft er: *herab, herab vom Himmel lauf*, dreimal *reiß auf, reiß ab*. Und auch die Melodie ist ganz dynamisch angelegt, auf die Stelle hin, wo es heißt: *Reiß ab vom Himmel Tor und Tür!* Das ist die Stelle, wo in jeder Strophe der Text und der Melodiebogen ihren Höhepunkt erreichen.

Und eigentlich muß man dann gleich ohne Pause zur zweiten Strophe weitersingen:
V. 2 *O Gott, ein Tau vom Himmel gieß,*
im Tau herab, o Heiland, fließ.
Ihr Wolken, brecht und regnet aus
den König über Jakobs Haus.
Für diese Strophe müssen wir uns eine trockene Wüste vorstellen: glühende Hitze über einer endlosen Fläche, nur unterbrochen von einigen Hügeln und Felsen, die kaum Schatten geben, mit nur vereinzelten vertrockneten Pflanzen, eine Einöde, die danach lechzt, daß Wolken kommen, daß sie aufbrechen und den Himmelstau herabgießen. - Ist nicht manchmal unser Leben wie eine solche Wüste: ausgedörrt, ausgebrannt - wenn uns die Anforderungen über den Kopf wachsen - oder auch, wenn jemand ganz alleingelassen ist, einsam, kein Leben, keine Kraft in sich spürt? Dann sind wir durstig nach einer Erleichterung, einer Entlastung, nach einer Erquickung, die uns hilft, nicht mehr nur ausgebrannt zu sein. Friedrich von Spee greift auch hier ein prophetisches Bildwort auf. Es wird dem Volk Israel in der Fremde, in der Verbannung in Babylon gesagt, dort, wo die Menschen aus Jerusalem und Judäa hin deportiert waren, wo sie unter Unterdrückung, unter Vereinsamung, unter Ungerechtigkeit litten: "Träufelt, ihr Himmel, von oben, und ihr Wolken, regnet Gerechtigkeit! Die Erde tue sich auf und bringe Heil, und Gerechtigkeit wachse mit auf!" (Jes 45,8)
Wie wünschte man sich das für die Menschen in Bosnien, die im eigenen Land wie in einer Verbannung leben, für die Menschen in Palästina, die in einer Wüste von Unrecht und verzweifeltem Widerstand gefangen sind: daß ihnen Recht statt Unrecht, Gerechtigkeit statt Drangsal zuteil wird!
Unser Liederdichter macht das Heil, das er erhofft, wieder am Heiland fest, an dem, den uns Gott schickt, der aus Gottes Welt zu uns kommt: Er, der König über Jakobs Haus, ist es, der die Sehnsucht stillen, den Durst löschen, die Not lindern soll.

In der dritten Strophe führt er dann das Bild von der Wüste weiter:
V. 3 *O Erd, schlag aus, schlag aus, o Erd,*
daß Berg und Tal grün alles werd.
O Erd, herfür dies Blümlein bring,
o Heiland, aus der Erden spring.
Wer die Wüste gut kennt, der weiß, daß ein einziger kräftiger Regen sie verwandeln kann: Es gießt vom Himmel, und über Nacht werden die schlafenden Kräfte in der Erde wach. Das Grün und die Knospen springen heraus, und Berg und Tal sind auf einmal eine blühende Landschaft. So beschreibt es auch Friedrich von

Spee. In die Mitte seiner Betrachtung aber stellt er eine kleine Blume: *O Erd, herfür dies Blümlein bring, o Heiland, aus der Erden spring.*
Daß hier ein Blümlein besungen wird, erscheint wie ein Kontrastbild zur vorigen Strophe: Dort war es der König, der Herrscher über Israel, der ersehnt wurde; hier ist es die kleine Blume, auf die der Sänger seine Hoffnung setzt: eine wunderschöne, aber doch verletzliche kleine Pflanze, die aus der Erde hervorspringt.
Und doch gehört für den Liederdichter beides zusammen. Er stellt uns den König vor, der nicht mächtig, kriegerisch herrscht, sondern dessen Macht sich wie in einer kleinen, verletzlichen Blume zeigt.
Es ist ein schönes Bild dafür, wie die Evangelien von der Geburt Jesu erzählen: Wenn die Weisen, die Sterndeuter aus dem Osten kommen, dann suchen sie zunächst den König in Jerusalem, am Hof des Herodes; aber sie müssen weiterziehen in das kleine Städtchen Bethlehem, wo sie dem Kind ihre Gaben bringen.
Als Augustus, der Kaiser in Rom, die Steuererhebung anordnet, ahnt er nicht, daß am Rande seines Weltreiches, in Palästina, ein junges Paar sich auf den Weg machen muß, damit der wirkliche Retter der Welt in der Stadt Davids geboren wird. Und Jesus, das Kind, ist verletzlich: mit seinen Eltern muß es fliehen vor Herodes, und es kann nicht verhindern, daß seine Altersgenossen in Bethlehem von dem machtbesessenen König Herodes umgebracht werden.
Aber das Kind ist doch auch ein König, ein König, der im Verborgenen die Liebe Gottes aufblühen läßt - mitten in dieser Welt voll Gewalt und Brutalität: Kummervolle Menschen atmen auf, wenn sie ihm begegnen, Blinde werden sehend, Gelähmte können wieder gehen.
In unserer Kirche hier haben wir vor einigen Jahren ein Singspiel zum Advent aufgeführt. In ihm sind es die Aussätzigen, die Jesus begegnen. Sie wurden ausgestoßen, als sich ihre Krankheit zeigte. In Höhlen müssen die Aussätzigen sich verbergen mit ihrer abstoßenden Krankheit, "Unrein, unrein" müssen sie rufen, wenn ihnen gesunde Menschen nahe kommen. - Da hören sie, daß Jesus kommt. Sie verlassen ihre Höhlen, sie gehen ihm entgegen. Sie rufen ihn an: "Jesu, lieber Meister, erbarme dich unser!" Im Singspiel wird dieser Ruf laut, fast gellend vorgetragen. Aber dann werden in den Ruf hinein die vierte und fünfte Strophe unseres Liedes gesungen, so daß der Hilferuf zu einem Hoffnungsruf wird.
Ich möchte das jetzt so einmal mit Ihnen singen. Eine Trompete bläst zweimal den Hilferuf, und dann begleitet uns der Posaunenchor, wenn wir den vierten und fünften Vers unseres Liedes singen. - Und vielleicht mögen Sie bei dem Ruf der Trompete an den Hilferuf denken, der Ihnen heute, in dieser Stunde am stärksten auf der Seele liegt: sei es eine Not, die Sie persönlich, in Ihrem eigenen

Leben drückt, sei es eine der Nöte, die uns heute allen vor Augen stehen - in unserer Stadt, in unserem Land, in einem anderen Land Europas, in einem anderen Land der Welt...
V. 4 *Wo bleibst du, Trost der ganzen Welt,*
darauf sie all ihr Hoffnung stellt?
O komm, ach komm vom höchsten Saal,
komm, tröst uns hier im Jammertal.
V. 5 *O klare Sonn, du schöner Stern,*
dich wollten wir anschauen gern;
o Sonn, geh auf, ohn deinen Schein
in Finsternis wir alle sein.
O klare Sonn, du schöner Stern...: Wir können dabei an all die Menschen denken, denen Jesus (wie den 10 Aussätzigen) auf seinem Weg damals durch Israel Licht und Helligkeit geschenkt hat.
Wir können uns aber auch die Sonne vor Augen stellen, die wir hier auf dem Teppich über unserem Altar sehen:
die Sonne, die aus der allertiefsten Nacht aufstrahlt, aus der Nacht des Kreuzestodes, den Jesus selbst in größter Auswegslosigkeit auf sich genommen hat, und aus dem er am Ostermorgen als Sieger hervorgegangen ist. Daß der Dichter unseres Liedes Jesus als den anruft, der den Sieg über den Tod gebracht hat, zeigt er dann in der sechsten Strophe:
V. 6 *Hier leiden wir die größte Not,*
vor Augen steht der ewge Tod.
Ach komm, führ uns mit starker Hand
vom Elend zu dem Vaterland.
Der Dichter kennt die Todeswelt, die uns umgibt. Aber er blickt aus dieser Todeswelt auf die Sonne, die alle Finsternis überwindet. Er blickt hin auf die andere, die himmlische Wirklichkeit, die nicht den Todesgesetzen unterliegt und die Jesus jenseits aller irdischen Not für uns bereithält. *Ach komm, führ uns mit starker Hand vom Elend zu dem Vaterland. Elend*, das ist hier das Wort für die Fremde, den Ort, wo man nicht zu Hause ist; Jesu Reich aber ist das Vaterland, das er offen hält für jeden, der zu ihm kommt. Es ist das Reich, in dem Gott die Tränen abwischen wird von allen Augen, wie es im Offenbarungsbuch heißt - auch die Tränen dessen, der in Einsamkeit unter uns stirbt, auch die Tränen der Mutter in Afrika, die um ihr verhungertes Kind weint, auch die Tränen derer, die Opfer von Gewalt und Fanatismus sind.

Dort können wir Gott danken und loben, auch wenn es uns hier auf Erden oft schwer fällt im Angesicht von Leid und Geschrei, von Not und Elend; da können

wir mit dem Dichter singen:
V. 7 *Da wollen wir all danken dir,*
unserm Erlöser für und für;
da wollen wir all loben dich
zu aller Zeit und ewiglich.
Friedrich von Spee blickt hier auf zum Himmel, zum Vaterland, zum Reich Gottes - eine Blickrichtung, die unserer diesseitsbezogenen Welt fern zu sein scheint. Und doch ist es dieses Bild, diese Hoffnung auf das Leben bei Gott, das uns einen unverlierbaren Trost geben kann. Dabei bedeutet diese Hoffnung keine Vertröstung, sondern sie soll uns Halt und Mut geben für unser Leben hier: Von der großen Sonne, die Jesus Christus ist, sollen wir unser Herz so erfüllen lassen, daß wir immer wieder zu kleinen Sonnen für andere werden können, daß wir nach unseren Kräften anderen Licht geben, daß wir der Not, dem Elend, der Gewalt und dem Fanatismus bewußt entgegentreten.

Wer am Donnerstag mit bei der Lichterkette war, die um unsere Nürnberger Altstadt gebildet wurde, hat sicher nicht nur alt und jung vereinigt gesehen in ihrer gemeinsamen Absage an Gewalt, in ihrem gemeinsamen Eintreten für ein gutes Miteinander in unserer Stadt, sondern auch wahrgenommen, wie sich der Schein der Kerzen und Laternen in den Gesichtern unserer ausländischen Mitmenschen spiegelte, die getröstet, erleichtert und ermutigt waren, daß so viele an ihrer Seite stehen. Wir wollen diese kleinen Sonnen weiterleuchten lassen: bei unserem Lichterweg morgen am Spätnachmittag hier in Zerzabelshof und am Heiligabend, für den uns die Dekane unserer Stadt bitten, Lichter gegen Fanatismus und Abwehr, für das große Friedenslicht von Weihnachten in unsere Fenster zu stellen.
Amen.

Nun lob, mein Seel, den Herren
Psalm 103

2 Er hat uns wissen lassen / sein herrlich Recht und sein Gericht, / dazu sein Güt ohn Maßen, / es mangelt an Erbarmung nicht; / sein' Zorn läßt er wohl fahren, / straft nicht nach unsrer Schuld, / die Gnad tut er nicht sparen, / den Schwachen ist er hold; / sein Güt ist hoch erhaben / ob den', die fürchten ihn; / so fern der Ost vom Abend, / ist unsre Sünd dahin.

3 Wie sich ein Mann erbarmet / ob seiner jungen Kindlein klein, / so tut der Herr uns Armen, / wenn wir ihn kindlich fürchten rein. / Er kennt das arm Gemächte / und weiß, wir sind nur Staub, / ein bald verwelkt Geschlechte, / ein Blum und fallend Laub: / der Wind nur drüber wehet, / so ist es nimmer da, / also der Mensch vergehet, / sein End, das ist ihm nah.

4 Die Gottesgnad alleine / steht fest und bleibt in Ewigkeit / bei seiner lieben G'meine, / die steht in seiner Furcht bereit, / die seinen Bund behalten. / Er herrscht im Himmelreich. / Ihr starken Engel, waltet / seins Lobs und dient zugleich / dem großen Herrn zu Ehren / und treibt sein heiligs Wort! / Mein Seel soll auch vermehren / sein Lob an allem Ort.

5 Sei Lob und Preis mit Ehren / Gott Vater, Sohn und Heilgem Geist! / Der wolle in uns mehren, / was er aus Gnaden uns verheißt, / daß wir ihm fest vertrauen, / uns gründen ganz auf ihn, / von Herzen auf ihn bauen, / daß unser Mut und Sinn / ihm allezeit anhangen. / Drauf singen wir zur Stund: / Amen, wir werden's erlangen, / glaubn wir von Herzensgrund.

Text: Johann Gramann (um 1530) 1540; Strophe 5 Königsberg 1549
Melodie: 15. Jh., »Weiß mir ein Blümlein blaue«; geistlich Hans Kugelmann (um 1530) 1540

Predigt am Sonntag, 4. Juni 1993
über das Lied
"Nun lob, mein Seel, den Herren"
von Johann Gramann (1530/1540)
EG 289

Liebe Gemeinde! "Nun lob, mein Seel, den Herren": Mit dem Gotteslob beginnt das Lied, das wir eben gesungen haben, und mit dem Gotteslob hört es dort auf, wo es ursprünglich zu Ende war, in der vierten Strophe.
Ist es damit - bei aller Schönheit des Textes und der Melodie - nicht ein sehr unmodernes Lied? - Gotteslob, wo hat es in unserem Leben noch seinen Platz? Erinnern wir uns: Wann haben wir in der vergangenen Woche Gott gelobt? Haben wir daran gedacht, als wir die Morgen- und Abendglocken von unserer Kirche hörten? Oder waren wir nicht vielmehr von anderen Dingen viel zu ausgefüllt: von der Arbeit im Beruf und Familie, von ehrenamtlichem Einsatz, von anspruchsvoller Freizeitgestaltung. Und wenn wir an Gott gedacht haben, dann vielleicht doch eher mit einem Seufzer, einem Stöhnen über vieles, was uns zu schaffen macht, was uns mit Beschlag belegt - und nicht zuletzt über die bedrängenden Nachrichten in unserer Welt?

Unser Lied aber stellt das Gotteslob an den Anfang und den Schluß. Es lädt uns ein, einzustimmen, mitzusingen, unsere täglichen Verpflichtungen und Belastungen nicht über uns herrschen zu lassen, und vor allem: darauf zu achten, **wofür** Gott zu loben ist. Denn das wird im Lied entfaltet - in vielfältiger, dichter Weise, gestützt von der festlichen Melodie Hans Kugelmanns. Es gibt kaum ein Lied in unserem Gesangbuch mit so langen Strophen wie dieses - und es gibt kein zweites Lied mit so konzentrierten Inhaltsaussagen in jeder Strophe. Ein ganzes Leben dürfte nicht ausreichen, um alles zu ergründen, was hier gesagt und gesungen wird - und so will ich mich auf einige wenige Linien konzentrieren.

Was ist das Besondere an diesem Lied? Ich nenne drei Punkte:
1. Es ist **ein Lied der Reformation**, gedichtet von einem Mann, der Martin Luther sehr nahe stand und an der Erneuerung der Kirche mitarbeitete.
2. Es ist **ein Lied der Bibel**, denn es gestaltet einen Psalm des Alten Testaments nach.
3. Es ist **ein Lied des Gottvertrauens**, das uns in immer neuen Wendungen nahegebracht wird.

Wir brauchen in unserer Zeit alle drei Punkte:
1. Wir brauchen eine Reformation, eine Erneuerung unserer Kirchen und Glaubensgemeinschaften.
2. Wir brauchen die Bibel neu als Grundlage unseres Glaubens.
3. Wir brauchen das Gottvertrauen und das Gotteslob gegen alle Müdigkeit, Verzagtheit und Resignation in unserer Zeit.

1. "Nun lob, mein Seel den Herren" ist **ein Lied der Reformation**.
Wir wissen sogar noch den Auftraggeber dieses Liedes: Es war kein Geringerer als Herzog Albrecht von Preußen, der in Ostpreußen die Reformation eingeführt hat und den Königsberger Pfarrer Johann Gramann bat, den 103. Psalm zu einem deutschen Choral zu dichten.
Johann Gramann konnte zu dieser Zeit schon auf ein bewegtes Leben zurückblicken: 1487 wurde er ganz in unserer Nähe, in Neustadt/Aisch geboren, er wurde Lehrer und dann Rektor der berühmten Thomasschule in Leipzig. In dieser Funktion nahm er an einem wichtigen Ereignis der Reformation teil - nämlich an der Leipziger Disputation im Jahre 1519. Johann Eck, der theologische Hauptgegner Martin Luthers, sollte Luther widerlegen. Und der Rektor Hans Gramann war dazu als sein Sekretär ausersehen. Doch es kam anders: Johann Gramann war von Luther, seinen reformatorischen Gedanken und seinem mutigen Auftreten so beeindruckt, daß er, wie er selbst sagt, von dem "Fechtmeister Eck zu dem Gewissensstreiter Luther überging". Er zog zum Studium nach Wittenberg, wurde danach Hofprediger in Würzburg, wirkte kurz hier in Nürnberg, und wurde dann von Luther dem Herzog Albrecht für die Reformation in Ostpreußen empfohlen. Von Königsberg aus baute er das Schulwesen in Preußen auf und war unermüdlich tätig, um die kirchliche Erneuerung in geordneten Bahnen durchzuführen.
Die Bitte des Herzogs, dieses unser Lied zu dichten, war eine ganz wichtige, für die Reformationszeit sehr kennzeichnende Bitte: Mit den Liedern der Reformation hat sich nämlich die wiederentdeckte biblische Botschaft in die Herzen der Menschen hineingesungen. Der Reim und die Melodie halfen, ihre Wahrheiten aufzunehmen, zu behalten und sie ins tägliche Leben einzubeziehen.
Ein Lied der Reformation: Ich denke, da, wo wir uns mutig aufmachen, wie damals Johann Gramann, um die frohe Botschaft neu zu entfalten, da sind wir eine Gemeinde der Reformation - nach dem Grundsatz, daß die Kirche der Reformation immer neu reformiert werden muß. Dazu gehört das, was in unserem Lied geschieht: daß wir uns sammeln um die biblische Botschaft, so wie wir uns hier im Kreis um den Altar sammeln, und daß wir sie hineinnehmen in unser Leben; daß wir sie aber auch teilen mit allen Menschen, die Gott ja alle liebt,

Menschen unseren Glaubens wie Menschen anderen Glaubens.

2. Und damit zum zweiten:
Unser Lied ist **ein Lied der Bibel**.
Es nimmt einen der schönsten Psalmen des Alten Testaments auf und faßt ihn in gereimte Verse: den 103. Psalm. Wir haben ihn vorhin gehört: Dieser Psalm ist das Lob des großen, gütigen, barmherzigen Gottes.
"Lobe den Herren" - so steht es zweimal am Anfang des Psalmes, am Ende sogar viermal! Und wenn es heißt. "Lobe den Herren, meine Seele", dann müßten wir eigentlich übersetzten: "Lobe den Herren, mein ganzes Leben"; denn das hebräische Wort für "Seele" meint die Mitte unserer Person, den Atem, den Sitz des Lebens.
Zwischen das Lob am Anfang und das Lob am Ende ist das ganze Werk Gottes ausgebreitet. Es wird entfaltet in einer Weise, in der nicht nur wir Christen, sondern in der auch Juden, Muslime und Bahà'ìs von Gott reden können.
Die unheilvolle Meinung, der Gott des Alten Testaments sei ein ferner, rächender, strafender Gott, die in der Zeit des Nationalsozialismus gegen das Alte Testament und das Judentum gerichtet wurde, wird durch diesen Psalm gründlich widerlegt. Gewiß ist Gott der Hohe, der Erhabene; gelobt aber wird er gerade, weil er als der Erhabene das Gute tut, weil er Sünden vergibt, weil er Schwachheit heilt:
V. 1 *Nun lob, mein Seel, den Herren, was in mir ist, den Namen sein.*
Sein Wohltat tut er mehren, vergiß es nicht, o Herze mein.
Hat dir dein Sünd vergeben und heilt dein Schwachheit groß,
errett' dein armes Leben, nimmt dich in seinen Schoß,
mit reichem Trost beschüttet, verjüngt, dem Adler gleich;
der Herr schafft Recht, behütet, die leidn in seinem Reich.
Wir können die Bilder kaum fassen, die in dieser einen Strophe enthalten sind: Gelobt wird Gott, der das Belastende von uns nimmt, der uns tröstet, der uns aufrichtet, in immer neuen Wendungen: Gott, der uns in seinen Schoß nimmt wie eine Mutter, die ihr Kind beschützt. Gott, der uns wieder jung macht, der uns Kraft gibt wie einem Adler. Wer von uns möchte sich das nicht wünschen, was am Schluß des Verses steht: *Der Herr schafft Recht, behütet, die leidn in seinem Reich.* - Recht und Schutz für die Leidenden, die Verfolgten, die Bedrückten, die vom Krieg bedrängten: Wie viele Menschen auf unserer Erde verlangen danach, wie viele brauchen es, wie vielen fehlt dieses Recht und dieser Schutz?

Der Dichter unseres Liedes weiß wie der Sänger des 103. Psalmes von diesem Verlangen, er verleugnet weder das Leid noch die Not, mit denen viele Menschen leben. Aber beide rufen demgegenüber die erstaunliche Erfahrung in Erinnerung:
- wie das kleine Volk Israel gegen alle fremde Übermacht, gegen Knechtschaft und Unterdrückung immer wieder hat aufstehen können;
- und wie in der Zeit der Reformation eine kleine Schar von Mönchen, Predigern und Laien gegen Kaiser, Reich und Papst auftreten und unerschrocken die frohe Botschaft verkündigen konnte.

Und so weitet in der zweiten Strophe Johann Gramann auch die Erfahrung, die das Volk Israel gemacht hat, aus. Während es in Psalm 103 heißt:"Er hat seine Wege Moses wissen lassen, die Kinder Israel sein Tun", so lautet es nun im Lied:
V. 2 *Er hat **uns** wissen lassen sein herrlich Recht und sein Gericht,*
dazu sein Güt ohn Maßen, es mangelt an Erbarmung nicht;
sein' Zorn läßt er wohl fahren, straft nicht nach unsrer Schuld,
die Gnad tut er nicht sparen, den Schwachen ist er hold;
sein Güt ist hoch erhaben ob den', die fürchten ihn;
so fern der Ost vom Abend, ist unsre Sünd dahin.
Aber wie paßt das zusammen: Recht und Gericht auf der einen, Güte und Erbarmen auf der anderen Seite. Johann Gramann nennt es ein *herrlich* Recht und Gericht, und er kann es so nennen, weil hier wirklich Recht und Gericht, Güte und Erbarmen zwei Seiten einer Sache sind.
Eigentlich könnte Gott - so wie die Welt ist, so wie die Menschen immer wieder seine Geboten mißachten - der strenge, strafende Richter sein. Aber nicht die Strafe ist sein Ziel, sondern, daß wir uns von seinem liebevollen Erbarmen ergreifen lassen. Für unseren christlichen Glauben wird das nirgends so deutlich wie in Jesus Christus selbst, in dem Gott mit seiner ganzen Liebe zu uns gekommen ist. Er hat all die guten und hilfreichen Taten Gottes, von denen dieser Vers erzählt, für uns sichtbar, anschaulich gemacht:
Er hat die die Güte Gottes spüren lassen, die sich als gottfern und schuldbeladen erfuhren.
Er hat denen Gottes Erbarmen gezeigt, die aussätzig und ausgestoßen waren.
Er hat nicht das Strafgericht Gottes in den Vordergrund gestellt, sondern er hat selbst unschuldig Strafe und Leid auf sich genommen auf seinem Weg ans Kreuz. An ihm sehen wir, wie Gott seine Gnade und Liebe verschenkt in die tiefste Todesnacht hinein.
Und so, wie die Todesnacht Jesus nicht festhalten konnte, sondern dem Oster-

licht weichen mußte, so kann uns in seiner Nachfolge die Schuld nicht mehr festhalten. Sie ist so entfernt von uns, wie Morgen und Abend, wie der weiteste Osten und der weiteste Westen voneinander entfernt sind.
Hier liegt der zentrale Grund dafür, daß wir in jedem unserer Gottesdienste das, was wir falsch gemacht haben, das, was wir verschuldet haben, das, was uns belastet, vor Gott bringen und uns seine Vergebung zusprechen lassen dürfen.

3. Hier liegt auch der Grund für Zuversicht und Hoffnung und zeigt uns das dritte, daß nämlich unser Lied **ein Lied des Gottvertrauens** ist.
Entfaltet wird das in der dritten und vierten Strophe, die wir direkt nacheinander hören müssen, weil sie sich unmittelbar ergänzen:
V. 3 *Wie sich ein Mann erbarmet ob seiner jungen Kindlein klein,*
so tut der Herr uns Armen, wenn wir ihn kindlich fürchten rein.
Er kennt das arm Gemächte und weiß, wir sind nur Staub,
ein bald verwelkt Geschlechte, ein Blum und fallend Laub:
der Wind nur drüber wehet, so ist es nimmer da,
also der Mensch vergehet, sein End, das ist ihm nah.

V. 4 *Die Gottesgnad alleine steht fest und bleibt in Ewigkeit*
bei seiner lieben G'meine, die steht in seiner Furcht bereit,
die seinen Bund behalten. Er herrscht im Himmelreich.
Ihr starken Engel, waltet seins Lobs und dient zugleich
dem großen Herrn zu Ehren und treibt sein heiligs Wort!
Mein Seel soll auch vermehren sein Lob an allem Ort.
Das Erbarmen Gottes angesichts menschlicher Vergänglichkeit - dieses Kontrastbild wird hier eindrücklich gezeichnet.
Sowohl der Psalmsänger als auch der Dichter unseres Liedes schildern nüchtern die Realität menschlichen Lebens. Sie wissen um seine radikale Endlichkeit und verdrängen sie nicht: wie Gras, das gemäht wird, wie eine Blume, die verwelkt - so hinfällig kann der Mensch sein, der sich selbst immer so gerne Unsterblichkeit verschaffen will, der plant, denkt, sich absichert, als könnte er ewig leben.
Gegen alle vordergründige Sicherheit, gegen alle falschen Illusionen wird gesagt, daß es allein die Gnade Gottes ist, die Ewigkeit für sich beanspruchen kann. Sie kann auch unserem begrenzten Leben Halt und Vertrauen geben: Weil Gott größer ist als alles, was wir denken und uns vorstellen können, kann er uns einen Trost geben, der weit hinausreicht über alles Leid und alle Ungerechtigkeit auf Erden.
Psalmist und Liedsänger richten hier unseren Blick von der Erde in den Himmel, der ein Bild für die unbegrenzte Herrschaft Gottes ist, wo ihm die Engel dienen,

die guten Mächte, von denen Dietrich Bonhoeffer spricht. Diesem Gott, der unbegreiflich groß ist, diesem Gott, der sich aus seiner Höhe aber auch ganz in unsere Tiefe hinein begibt, gilt das Lob.

Näher als das Bild vom prachtvollen Paradies ist uns da vielleicht ein Bild, wie wir es im Diakonissenhaus Sarepta in der Anstalt Bethel finden, in der tausende von gesunden und kranken Menschen zusammenleben: Die Ankunft in der Ewigkeit Gottes wird da dargestellt wie ein Ankommen in einem bergenden, tröstenden, liebevollen Zuhause. Da sind sie unterwegs mit ihren Krücken, mit ihren von Epilepsie gezeichneten Körpern, mit ihren von der Obdachlosigkeit gegerbten Gesichtern und werden hineingebeten an den Tisch Gottes, an dem es keine Tränen und keinen Schmerz, keine Feindschaft und keinen Haß mehr gibt - ein Bild, für das uns auch das Abendmahl, das wir nachher feiern, ein Sinnbild sein soll. - Und mitten unter den beladenen und gebeugten Gestalten sieht man auch Pastor von Bodelschwingh, den Gründer der Anstalt Bethel, den man mit seiner nicht endenden Phantasie für die Bedrückten auch ein "Genie der Liebe" genannt hat. Er selbst hat in den Kranken die Lehrmeister seines Gottvertrauens gesehen.

Und so brauchen auch wir uns nicht nur die großen Glaubensgestalten vor Augen stellen, die im Gottvertrauen ihren oft ungewissen Weg gegangen sind - wie Abraham und Mose, wie Paulus, Augustin und Martin Luther.

Die Glaubensgestalten sind auch unter uns, und wir müssen nur unsere Augen auftun, um ihnen zu begegnen: dort, wo eine Familie mit ihrem behinderten Kind allen Widerständen und Schwierigkeiten zum Trotz Wege zu einer erfüllten Lebensgemeinschaft findet, dort, wo Freundschaften über die Grenzen unseres Volkes und unserer Religion hinaus aufgebaut werden, dort, wo jemand die Erfahrung machen darf, daß ihm auch in Krankheit und Tod eines lieben Menschen Kraft geschenkt wird, so daß er sagen kann: "Ich werde getragen".

Die letzte, später hinzugedichtete Strophe unseres Liedes, die wir gleich singen wollen, ist da nichts anderes als das große Ausrufezeichen zum Schluß. Sie unterstreicht noch einmal die reformatorische und biblische Botschaft, die uns über das Gotteslob zu Vertrauen und Zuversicht führen will.

Amen.

Wißt ihr noch, wie es geschehen?

52

1
Wißt ihr noch, wie es geschehen?
Immer werden wir's erzählen:
wie wir einst den Stern gesehen
mitten in der dunklen Nacht,
mitten in der dunklen Nacht.

2 Stille war es um die Herde. / Und auf einmal war ein Leuchten / und ein Singen ob der Erde, / daß das Kind geboren sei, / daß das Kind geboren sei!

3 Eilte jeder, daß er's sähe / arm in einer Krippen liegen. / Und wir fühlten Gottes Nähe. / Und wir beteten es an, / und wir beteten es an.

4 Könige aus Morgenlanden / kamen reich und hoch geritten, / daß sie auch das Kindlein fanden. / Und sie beteten es an, / und sie beteten es an.

5 Und es sang aus Himmelshallen: / Ehr sei Gott! Auf Erden Frieden! / Allen Menschen Wohlgefallen, / Gottes Gnade allem Volk, / Gottes Gnade allem Volk!

6 Immer werden wir's erzählen, / wie das Wunder einst geschehen / und wie wir den Stern gesehen / mitten in der dunklen Nacht, / mitten in der dunklen Nacht.

Text: Hermann Claudius 1939
Melodie: Christian Lahusen 1939

Predigt am 4. Advent (19. Dezember 1993)
über das Lied
"Wißt ihr noch, wie es geschehen"
von Hermann Claudius (1939)
EG 52

Liebe Gemeinde! Es war auf der Flucht im Winter 1944/45. Die Trecks aus Ostpreußen zogen nach Westen. Familien sind auseinandergerissen, wissen oft kaum etwas voneinander. - Lebt der Vater noch, ist er gefallen, ist er gefangen? Bei der Station in einer Kleinstadt nachts plötzlich Bombenalarm. Wer eben kann, flüchtet sich in einen Luftschutzbunker, andere in die Keller der Häuser. In einem Kellerraum findet sich eine zusammengewürfelte Gruppe ein - lauter Einzelpersonen. Und dann das bange Warten auf das feindliche Flugzeuggeschwader, darauf, daß die sogenannten "Christbäume" abgeworfen werden, die die Nacht erhellen und die den todbringenden Bomben den Weg weisen. Mitten in die Angst hinein beginnt einer zu singen, eine Melodie, die erst 1942 komponiert wurde, einen Text, der am Vorabend des schrecklichen 2. Weltkrieges gedichtet wurde - im Angesicht der Katastrophe:
V. 1 *Wißt ihr noch, wie es geschehen, immer werden wir's erzählen,*
wie wir einst den Stern gesehen, mitten in der dunklen Nacht.
Die anderen hören zu. Eine Frau kennt dieses Lied auch, fällt mit ein. Und im Singen lernen sie alle das Lied. Sie singen es wieder und wieder, sie singen sich mit ihm durch die Bombennacht hindurch, bis der Schrecken vorüber ist und die Flucht weitergehen kann.
Eine ältere Freundin hat uns diese Geschichte erzählt. Und sie hat uns damit aufmerksam gemacht auf das Lied, das wir eben gesungen haben und das heute im Mittelpunkt unseres Gottesdienstes steht.
Was ist das Besondere an diesem Lied, daß es den verstörten und verängsteten Menschen im Luftschutzkeller so viel Trost schenken konnte? - Es ist ja kein kompliziertes Lied, sondern ganz einfach, nicht mehr eigentlich als eine knappe Nacherzählung der Weihnachtsgeschichte: der Stern, die Hirten, die Krippe, die Könige - für jedes der alten Weihnachtssymbole eine Strophe!
Das Besondere aber ist eben diese Kürze der Erzählung, die wie in einem Holzschnitt das Wichtige hervortreten läßt. - Und das Besondere ist dann der Rahmen, in den die Geschichte gestellt wird - die erste und die letzte Strophe, die der Erzählung ihr besonderes Gesicht geben:
Wißt ihr noch, wie es geschehen ...: Wir werden selbst angeredet, **wir** sollen uns erinnern, **wir** sollen neu aufmerksam werden auf die alte Geschichte.

...immer werden wir's erzählen: Die alte Geschichte ist nicht zu Ende, wir geben sie weiter, erzählen sie neu.
...wie wir einst den Stern gesehen: Der Stern gehört nicht nur den Sterndeutern vor 2000 Jahren. Es ist **unser** Stern, *mitten in der dunklen Nacht*. - Gleich zweimal wird es gesungen, daß der Stern wirklich da aufleuchtet, wo es am allerdunkelsten ist.
Und damit haben wir schon den Grundrhythmus unseres Liedes, der uns mit hineinnimmt in die alte Geschichte, die doch nie zuende ist; es ist der Dreierschritt: **Erinnern - Erzählen - Schauen**.
"**Erinnert euch**" - so werden wir als erstes aufgerufen. "Vergeßt es nicht", hier geht es um eine wichtige, eine lebenswichtige Geschichte. - "**Erzählt**" wird uns als zweites gesagt: Das ist die Geschichte, die **euch** gilt, die auch **Kindern** und **Enkeln** gilt; die müssen sie hören! - "**Schaut auf den Stern**": Schaut auf das Licht, das in dieser Geschichte aufleuchtet und das mitten in der dunklen Nacht erstrahlt!

Die 2. Strophe führt uns dazu auf das Hirtenfeld von Bethlehem:
V. 2 *Stille war es um die Herde. Und auf einmal war ein Leuchten und ein Singen ob der Erde, daß das Kind geboren sei."*
Wir können uns gut hineindenken - und mancher in unserem Kreis wird sich erinnern -, wie diese Strophe auf die Menschen im Luftschutzkeller gewirkt haben muß: Sie stellen sich die Stille auf dem Hirtenfeld vor - eine andere Stille als die unheimliche Ruhe vor dem Luftangriff. Sie stellen sich das plötzliche Leuchten vor - ein anderes Leuchten als das der von den Flugzeugen abgeworfenen "Christbäume" und die gnadenlosen Strahlen der Flakscheinwerfer. Sie stellen sich das Singen vor: eine andere Musik als das Brummen der Flugzeugmotoren und das Detonieren der Bomben!
Und genauso werden wir heute eingeladen: daß wir uns in die aufmerksame Stille der Hirten hineinführen lassen, daß wir wachsam sind mit ihnen, daß wir uns nicht ablenken lassen von allem Gehetze in diesen Tagen - und daß wir so das Leuchten erleben können, daß es hell wird in unseren Herzen gegen alle Sorgen, die sich darin breit machen, daß wir die Lieder und die Musik der Weihnacht hören - gegen den Lärm in unseren Städten, auf unseren Straßen und in unseren Ohren - und daß wir wahrnehmen, wie das Leuchten und das Singen uns Augen und Ohren öffnen wollen für die Geburt des Kindes.
Jeder, der einmal eine glückliche Geburt erlebt hat, weiß, wie sehr uns solch ein Geschehen beglücken, ja zum Leuchten bringen kann. - In unserer Strophe geht es um noch mehr: Es heißt hier nicht nur, daß **ein** Kind geboren sei, sondern daß **das** Kind geboren ist: daß in diesem einen Kind in all seiner Schwachheit Gott

ganz bei uns sein will.

Und da kann es nur Eile geben, einen schnellen Weg hin zu diesem Kind.
Hermann Claudius weitet die Schar der Hirten aus:
V. 3 *Eilte jeder, daß er's sähe, arm in einer Krippen liegen,*
und wir fühlten Gottes Nähe, und wir beteten es an.
Die Menschen im Luftschutzkeller mußten sicher daran denken - und vielen unter uns wird es ähnlich gehen -, wie sie selbst als Kinder zur Krippe geeilt waren: Viele Stunden war die Tür zum Weihnachtszimmer verschlossen, geheimnisvoll wurde alles vorbereitet. Dann tat sich plötzlich die Tür auf, der Lichterbaum erstrahlte; die Blicke aber wurden gefangen genommen von der Krippe unter dem Baum - mit dem Kindlein in der Mitte, der kleinen, unscheinbaren Gestalt. Von ihm aber ging der Glanz und die Nähe Gottes aus auf alle Figuren drumherum - auf Maria, Josef, die Hirten, die sich in Anbetung verneigten - und auch auf die Gesichter der Kinder. Im Angesicht der Krippe hörten sie die alte Geschichte neu und nahmen sie andachtsvoll in ihr Herz auf.

Die Weisen aus den Morgenlanden scheinen zuerst gar nicht hineinzupassen in diese Einfachheit und Armut - mit ihren königlichen Geschenken:
V. 4 *Könige aus Morgenlanden kamen reich und hoch geritten -*
so malt es Hermann Claudius aus, um sie dann doch absteigen zu lassen:
daß sie auch das Kindlein fanden, und sie beteten es an.
Die Großen neigen sich und werden klein vor dem Kind, in dem ihnen Gott begegnet.
Herr Hacker hat uns dazu am vergangenen Sonntag die schöne ausgedachte fränkische Geschichte von Hans Mehl vorgelesen, die von den Kurfürsten an der Frauenkirche in Nürnberg erzählt. Beim Männleinlaufen ziehen sie ja um den Kaiser herum und verneigen sich vor ihm. Beim Christkindlesmarkt aber, als unten mitten auf dem Platz die Krippe aufgebaut ist, da drehen sich die Fürsten auf einmal um und verneigen sich zur anderen Seite hin, nicht vor dem Kaiser da oben, sondern vor dem Kind da unten; und der Kaiser weiß sehr wohl, daß dort unten der eigentliche Herr der Welt ist, und auch er verneigt sich vor ihm. Wie, wenn das auch alle Großen unter uns wüßten: die Politiker und die Stars und die Wirtschaftsbosse - und es nicht nur wüßten, sondern sich wirklich vor dem Kind verneigten statt vor den noch einflußreicheren Staatsgrößen oder vor der Gunst der Wähler oder vor den Gesetzen des Marktes oder vor den vermeintlichen Sachzwängen?!
Wie, wenn wir selbst herabstiegen von unseren Wünschen und Bequemlichkeiten und uns vor dem Kind neigten und es uns dann zuflüsterte: "Ich bin im Herzen

der Armen, die ganz vergessen sind" - und wenn wir es dann anbeteten mit all unseren Kräften, die wir Armen und Verlassenen und Traurigen widmen?!

Vielleicht hören wir dann wieder die Engel singen, so wie es in Vers 5 heißt:
V. 5 *Und es sang aus Himmelshallen: Ehr sei Gott! Auf Erden Frieden, allen Menschen Wohlgefallen, welche guten Willens sind!*
Ehre für Gott und Frieden auf Erden - diese beiden Dinge gehören zusammen. Und diesen Frieden sollen alle Menschen erfahren. Wenn wir nämlich die Engelsbotschaft genau übersetzen, dann lautet sie: "Ehre sei Gott in der Höhe und **Frieden auf Erden unter den Menschen, die Gott liebt.**" Und gemeint ist damit, daß Gott sie alle liebt, die Menschen, und daß er sich ihnen schenkt, sich ihnen in diesem kleinen Kind schenkt, bevor sie selbst etwas haben tun und leisten und ihm geben können. - Hermann Claudius hat an dieser Stelle die altbekannte Übersetzung Martin Luthers genommen, in der es heißt: "...Friede auf Erden und den Menschen ein Wohlgefallen", und er hat einfach noch die traditionelle katholische Übersetzung hinzugefügt: "...Friede auf Erden den Menschen, die guten Willens sind". Er hat also in gutem ökumenischen Geist gehandelt; und im ökumenischen Geist können wir eigentlich alle 3 Übersetzungen gebrauchen: Wenn wir nämlich wissen, daß Gott uns liebt, dann muß das doch ein Wohlgefallen in uns auslösen und unser aller guten Willen lebendig machen.

Und wie viele Menschen guten Willens braucht unsere Zeit! - Menschen, die Frieden suchen, die den Feindbildern entgegentreten; Menschen, die andere verstehen können, die sich in ihre Nöte hineinversetzen; Menschen, die nicht nur auf ihr gutes Recht pochen, sondern die den ersten Schritt tun über den Streit und den Krieg hinweg.
Das gilt im Großen wie im Kleinen: Ohne Menschen guten Willens hätte es nach dem zweiten Weltkrieg keine Versöhnung gegeben; ohne Menschen guten Willens wäre in Südafrika die Apartheid nicht zu Ende gegangen, ohne sie hätte es keine gewaltlose "Wende" in der DDR gegeben, gäbe es auch keine aufkeimenden Friedenshoffnungen für den Nahen Osten und für Nordirland.

Wir wissen alle um die Kriegsherde, die noch nicht erloschen sind und die neu aufglühen und haben in unserem Erdteil besonders das ehemalige Jugoslawien vor Augen. Und wir wissen, daß die schlimmste Ursache dabei die Menschen bösen Willens sind, Fanatiker und Verblendete. - Wie sehr müssen wir hoffen und beten, daß deren Herzen bekehrt und daß die Geschichte vom Friedenskind auch dort lebendig wird! - Und unser guter Wille ist gefragt, daß wir gegen die nachlassende Hilfs- und Spendenbereitschaft für die Leidenden dort Zeichen der Freigiebigkeit und des Opferwillens zu setzen.

Besonders wichtig aber ist, daß die Geschichte von einst immer in uns lebendig bleibt, daß sie in uns wirkt gegen alle Bilder von Gewalt und Herrschsucht, von Bosheit und Sensationslust, von Ausbeutung und Genußsucht. Ob es wohl gelingt, daß wir und besonders die Kinder unter uns in den Festtagen mehr von Versöhnungs- und Friedensgeschichten sehen und hören als von Gewalt? Ob es uns gelingt, etwas von dem Mut und der Freude weiterzugeben, die die Hirten damals von der Krippe mitgenommen haben zu allen, denen sie begegneten? Die alte Geschichte will unsere Fantasie anregen, darüber nachzudenken, wie wir Beistand und Hilfe weitergeben können in den guten Tagen, wie sie doch viele unter uns erfahren. Und sie soll uns Kraft geben auch in schweren Tagen, in denen wir die Bilder von Gottes liebevoller Nähe brauchen, um selbst Not und Schmerzen ertragen zu können.

Wir sollen uns an diese Geschichte **erinnern**, sie **erzählen** und mit ihr **ausschauen** auf den Stern:
V. 5 *Immer werden wir's erzählen, wie das Wunder einst geschehen, und wie wir den Stern gesehen mitten in der dunklen Nacht.*
Amen.

Ich lobe meinen Gott, der aus der Tiefe mich holt

615

1

Strophe

Ich lo-be mei-nen Gott, der aus der Tie-fe mich holt, da-mit ich le-be.
Ich lo-be mei-nen Gott, der mir die Fes-seln löst, da-mit ich frei bin.

Kehrvers

Eh-re sei Gott auf der Er-de in al-len Stra-ßen und Häu-sern, die Men-schen wer-den sin-gen, bis das Lied zum Him-mel steigt.

"Ich lobe meinen Gott, der aus der Tiefe mich holt" 123

2   Ich lobe meinen Gott, der mir den neuen Weg weist, damit ich handle. / Ich lobe meinen Gott, der mir mein Schweigen bricht, damit ich rede. / *Kehrvers*

3   Ich lobe meinen Gott, der meine Tränen trocknet, daß ich lache. / Ich lobe meinen Gott, der meine Angst vertreibt, damit ich atme. / *Kehrvers*

Text: Hans-Jürgen Netz 1979. Melodie: Christoph Lehmann 1979

Predigt am Sonntag, 3. Juli 1994
über das Lied
"Ich lobe meinen Gott, der aus der Tiefe mich holt"
von Hans-Jürgen Netz (Melodie: Christian Lehmann 1979)
EG 615

Liebe Gemeinde! Es ist um Mitternacht. Zwei Männer sitzen im Gefängnis der Stadt Philippi, umgeben von dicken Mauern, die Füße eingezwängt in einen verschlossenen Holzblock, die Glieder schmerzen von den Schlägen, mit denen man sie gepeinigt hat. - Ihr Vergehen: Sie haben eine Sklavin, ein armes Menschenkind, von einem Wahrsagegeist befreit, der sie täglich heimsuchte, ihren Herren aber einträglichen Gewinn verschaffte. Natürlich sahen sich die Herren betrogen. Sie verleumdeten die beiden Männer bei den Richtern der Stadt als Unruhestifter. Die Richter kümmerten sich nicht lange um Wahrheitsfindung. Sie ließen den beiden Männern die Kleider herunterreißen, sie mit Stöcken schlagen und in das Gefängnis werfen.

Um Mitternacht merken die anderen Mitgefangenen auf: Die beiden Männer beten und loben Gott. In dieser elenden Situation fällt ihnen nichts anderes ein, als zu singen!
Die beiden Männer sind der Apostel **Paulus** und sein Begleiter **Silas**, zwei Boten Jesu, unterwegs mit der guten Nachricht von der Liebe Gottes zu allen Menschen. Die Apostelgeschichte, in der diese Erzählung steht, teilt uns den Liedtext nicht mit, den die beiden gesungen haben. Vielleicht aber singen sie das Lied des Jona, den Jona-Psalm, den wir vorhin gehört haben:
"Ich rief zu dem Herrn in meiner Angst, und er antwortete mir.
Ich schrie aus dem Rachen des Todes, und du hörtest meine Stimme.
Du warfest mich in die Tiefe, mitten ins Meer, daß die Fluten mich umgaben. ...
Aber du hast mein Leben aus dem Verderben geführt, HERR, mein Gott!"
(Jona 2,3.4.7b)
Und damit stehen Paulus und Silas in der langen Reihe der Liedsänger seit Mose und David, die sich mit ihren Liedern an Gott wenden, eine Reihe, die bis in die Gegenwart reicht.

Unser Lied, das wir gerade gesungen haben, hat den Jona-Psalm in eine neue Sprache gebracht, mit einer Melodie, die uns mit hineinziehen will in das Gotteslob: *Ich lobe meinen Gott, der aus der Tiefe mich holt, damit ich lebe.*
Es ist ein erstaunliches Loblied, ein Lied, das **unten** anfängt: mit der Melodie,

mit den Bildern, mit **mir** und meinen Erfahrungen.

Es beschreibt die Tiefe, wie sie Paulus und Silas erleben mußten, die Tiefe, in die auch ich geraten und die mein Leben vollkommen dunkel machen kann:
Es spricht in der 1. Strophe von den Fesseln, von denen ich gelöst werden möchte: eine Krankheit, ein Unglück, das mich ganz gefangen nehmen will.
Es spricht in der 2. Strophe vom Schweigen, in das ich mich hüllen möchte, wenn mir ganz elend ist.
Es spricht in der 3. Strophe von Angst, die mir die Luft, den Atem nehmen kann.
Wie leicht kann es uns geschehen, daß wir wie Paulus und Silas eingekerkert sind - nicht in eiserne Ketten, aber in die Fesseln einer Not; und das kann uns treffen trotz allen guten Willens, auch wenn wir wie Paulus und Silas segensreich gewirkt haben.
Und dann singen? Singen in einer solchen Not?!
Ja, singen! - Mit David, mit Jona im Bauch des Walfisches, mit Paulus und Silas dürfen wir vor Gott das zur Sprache und in Töne bringen, was uns bedrückt. Wir brauchen es nicht in uns hineinzufressen, sondern können es heraussingen, herausklagen.
Denn Gott, wie ihn uns die Bibel zeigt, wohnt nicht abgeschieden, menschenfern in einem schönen Himmel, ohne die Tiefe, ohne die Not zu kennen. Er will unsere Hände gerade in der Tiefe ergreifen. Paulus und Silas haben erfahren, daß Gott in Jesus in die Tiefe, in die Not, in das Leid hineingekommen ist und es verwandelt hat, - und eben deswegen können sie, die seine Boten sind, mitten in der Nacht in ihren Fesseln singen. Zugespitzt können wir sagen: das macht christlichen Glauben aus, daß dort gesungen werden kann, wo es am dunkelsten ist.

Unser Lied entfaltet das in seinen 3 Strophen, in knappen, dynamischen Worten und Tönen, die eine Fülle von Lebenssituationen vor uns erstehen lassen und dabei von einer großen Hoffnung und Zuversicht getragen sind. **3 Gedanken** will ich herausgreifen:
Das Singen des Gotteslobes kann
1. **Fesseln sprengen.** Es kann
2. **einen neuen Weg öffnen.** Es kann
3. **Angst und Enge vertreiben.**

V. 1 *Ich lobe meinen Gott, der mir die Fesseln löst, damit ich frei bin.*
Als Paulus und Silas das Gotteslob singen, geschieht das Unerwartete: ein Erdbeben. Die Grundmauern des Gefängnisses wanken. Die Türen öffnen sich.

Die Fesseln fallen ab.
Paulus und Silas erleben es leibhaftig: Wer das Gotteslob singen kann, ist letztlich ein freier Mensch. Er vertraut sich jemandem an, der mächtiger ist als alle menschlichen Unterdrücker.
Freilich: Wen Gott befreit von seinen Fesseln, den stellt er auch in seinen **Dienst**. Paulus und Silas zeigen das: Als der Kerkermeister, der sie bewußt in das innerste Gefängnis geworfen und in den Block geschlossen hatte, sich das Leben nehmen will, weil er denkt, daß alle Gefangenen geflohen sind, halten sie ihn zurück. Keiner ist entflohen!
Paulus und Silas wissen: Gott befreit uns nicht auf Kosten anderer, auch nicht auf Kosten unserer Feinde!

Ich weiß nicht, ob Ihnen diese Geschichte des Jahres 1994 so nahe gegangen ist wie mir: Da wird ein Gefangener, vielleicht der prominenteste Gefangene dieses Jahrhunderts, Staatspräsident. 27 Jahre lang war **Nelson Mandela** im Gefängnis, davon die Hälfte der Zeit ohne Zeitung, ohne Radio, ohne Außenkontakte. Da nicht verbittert zu werden gegen die Unterdrücker, da auch gegen die Militanz in den eigenen Reihen anzukämpfen, da auch nach dem Sieg der eigenen Sache zur Versöhnung aufzurufen, da auch frühere Apartheid-Anhänger einzubinden in die Zukunftsaufgabe des versöhnten Miteinanders: Wo anders als in tiefem Gottvertrauen kann die Kraft wurzeln, die zu solchen Schritten fähig macht?!
Unser Lied besingt diese schier unglaubliche Erfahrung, die immer wieder bedroht ist von Streit, Haß und Not, in seinem Refrain:
Ehre sei Gott auf der Erde in allen Straßen und Häusern, die Menschen werden singen bis das Lied zum Himmel steigt.
//:Ehre sei Gott und den Menschen Frieden://
Frieden auf Erden.
Ehre sei Gott auf der Erde und nicht nur im Himmel, soll das heißen. Gesungen werden soll dieses Gotteslob nicht nur in den Kirchen, sondern in allen Straßen und Häusern: Da, wo Frieden auf Erden entsteht, wird Gott zu Recht gelobt und geehrt. Das ist eine Ermutigung für alle **Friedensfeste**, die wir feiern: in unseren Kindergärten und Stadtteilen, im Zusammenleben der Menschen aus verschiedenen Kulturen und Ländern, im Überwinden aller Abgrenzung, aller "Apartheid", die sich immer wieder in unseren Herzen einnisten will!
Hier schließt sich gleich die 2. Strophe an:
V. 2 *Ich lobe meinen Gott, der mir den neuen Weg weist, damit ich handle. Ich lobe meinen Gott, der mir mein Schweigen bricht, damit ich rede.*
Den neuen Weg, den Gott uns weist, hat er uns für unseren christlichen Glauben in Jesus Christus gezeigt: Es ist sein Weg zu den Menschen und besonders hin zu denen, die draußen, die fern sind - wie der römische Hauptmann von Kaper-

naum, wie die heidnische Frau bei Tyrus, die Jesus um die Heilung ihrer kranken Tochter anbettelt.
Paulus und Silas folgen Jesus darin. Zu Fuß sind sie unterwegs - durch Wüsten und durch unwegsame Wälder, auf unsicheren Schiffen über das Meer; sie predigen und helfen, was in ihren Kräften steht - und in Philippi ist es der Kerker, in dem ihnen die Tür geöffnet wird zum Haus und zum Herzen des Kerkermeisters.

Welchen Weg, welchen vielleicht ganz ungewohnten Weg **will Gott uns heute zeigen?** - Nun, zunächst einmal haben heute manche den Weg zu uns in die Kirche gefunden, die uns herkömmlich als fern und fremd erscheinen; ist das nicht eine große Einladung für uns, uns auch immer wieder in ungewohnte Räume hineinzuwagen? - Unsere Zeit braucht die neuen Wege! Kein Weltfriede ohne Religionsfriede! sagt Professor Küng zu Recht. Kein Religionsfriede ohne das Gespräch zwischen den Religionen! sagt er mit Recht als zweites. Wir müssen das Schweigen brechen, wir müssen miteinander reden, wir müssen mehr und Authentisches voneinander wissen, und: wir sollen den anderen das beste unseres Glaubens zeigen und uns von ihnen das beste ihres Glaubens zeigen lassen! Heute und hier gibt uns Gott die Gelegenheit dazu!

Da sind - und darauf spricht uns die 3. Strophe an - noch viele Ängste zu vertreiben!
V. 3 *Ich lobe meinen Gott, der meine Tränen trocknet, daß ich lache.*
Ich lobe meinen Gott, der meine Angst vertreibt, damit ich atme.
Neue und ungewohnte Wege, auf die uns Gott stellt, können uns Angst machen, können uns den Atem einschnüren. Können wir es wagen, auf die zuzugehen, die so ganz anders sind als wir? Werden wir nicht auf Verachtung, Mißverstehen oder Schlimmeres stoßen? Auch Paulus und Silas haben erlebt, daß sie mit der guten Nachricht Gottes für alle Menschen nicht nur auf offene Arme stießen. Für eine Wohltat geschlagen und eingekerkert zu werden, könnte einen wahrhaftig für jeden neuen Weg in Angst versetzen. Aber die beiden haben erfahren, daß das Wagnis in Gottes Auftrag auch ganz frei machen kann von Angst: daß man sogar im Kerker atmen und singen kann. Und am Ende der Geschichte sind es dann nicht mehr Paulus und Silas, die Angst haben müssen, sondern die Stadtrichter von Philippi, die ihnen - den römischen Bürgern - Unrecht getan haben. Ganz höflich kommen diese Richter nun zum Gefängnis, reden freundlich mit den beiden Aposteln und geleiten sie höchstpersönlich aus der Stadt!

Freilich: Wir wissen, es gibt auch Situationen, in denen eine Angst einfach nicht weichen will - wo Menschen einer Schwäche, einer Krankheit, einem Unrecht so

Rika Unger: **aus der Dunkelheit ins Licht**
("ein Blinder wird sehend")

hingegeben sind, daß sie keinen Mut mehr gewinnen können, daß ihnen der Atem ausbleibt. Hier können wir nur hoffen und beten, solche Situationen, die wir **nicht verstehen** können, doch im Hoffen und Vertrauen auf Gott **zu bestehen**. Jesus selbst gibt uns das Beispiel, wenn er sich im Garten Gethsemane auf die Erde wirft und Gott bittet, den Kelch des Leidens von ihm zu nehmen, und wenn er, als ihm das Leid nicht erspart bleibt, am Kreuz klagen kann: "Mein Gott, mein Gott, warum hast du mich verlassen!" Aber er ist uns auch darin voraus, daß Gott ihn hindurchgerettet hat durch die Qual, durch den schimpflichsten Tod. Er steht dafür ein, daß am Ende Gott **alle** Tränen abwischen wird, daß der Tod nicht mehr sein wird, auch kein Leid, kein Geschrei und kein Schmerz mehr, wie es in der Offenbarung des Johannes heißt.

Er steht mit seinem Leben, seinem Sterben und seiner Auferstehung dafür ein, daß wir alle drei Strophen unseres Liedes mit Überzeugung singen können. Amen.

2   Noch will das alte unsre Herzen quälen, / noch drückt uns böser Tage schwere Last. / Ach Herr, gib unsern aufgeschreckten Seelen / das Heil, für das du uns geschaffen hast. / *Kehrvers*

3   Und reichst du uns den schweren Kelch, den bittern / des Leids, gefüllt bis an den höchsten Rand, / so nehmen wir ihn dankbar ohne Zittern / aus deiner guten und geliebten Hand. / *Kehrvers*

4   Doch willst du uns noch einmal Freude schenken / an dieser Welt und ihrer Sonne Glanz, / dann wolln wir des Vergangenen gedenken, / und dann gehört dir unser Leben ganz. / *Kehrvers*

5   Laß warm und hell die Kerzen heute flammen, / die du in unsre Dunkelheit gebracht, / führ, wenn es sein kann, wieder uns zusammen. / Wir wissen es, dein Licht scheint in der Nacht. / *Kehrvers*

6   Wenn sich die Stille nun tief um uns breitet, / so laß uns hören jenen vollen Klang / der Welt, die unsichtbar sich um uns weitet, / all deiner Kinder hohen Lobgesang. / *Kehrvers*

Text: Dietrich Bonhoeffer (1944) 1945/1951
Melodie: Siegfried Fietz 1970. Das Lied mit anderer Melodie Nr. 65

Predigt am 2. Advent (4. Dezember 1994)
über das Lied
"Von guten Mächten wunderbar geborgen"
von Dietrich Bonhoeffer (Melodie: Siegfried Fietz 1970)
EG 637

Liebe Gemeinde! Ob es wohl noch ein christliches Gedicht unseres Jahrhunderts gibt, von dem so viele Menschen bei uns angesprochen werden wie von diesem: junge und alte Menschen, evangelische und katholische Christen. Ja, diese Worte erreichen auch Menschen, die in anderen Religionen verwurzelt sind, und solche, die in keiner Religion beheimatet sind.
Was ist so besonders an diesen Versen? Es geht von ihnen Wärme, Trost, Zuspruch aus. Und jeder merkt, daß die Worte nicht leicht dahingesagt sind, sondern daß eine tiefe Lebenserfahrung hinter ihnen steht.

Diese Lebenserfahrung ist an einem uns fernen, eigentlich trostlosen Ort gewonnen. Wir müssen uns dazu in die Adventszeit vor 50 Jahren zurückversetzen, in den Kriegswinter 1944/45, und uns in das Gefängnis begeben, in dem diese Verse geschrieben wurden:
Es ist eine enge Zelle im Keller in der Prinz Albrecht-Straße in Berlin. Draußen tobt der Krieg in seinem letzten, vernichtenden Stadium; immer wieder gibt es Luftangriffe auf Berlin, denen auch die Gefangenen ohnmächtig ausgesetzt sind. Hier sitzt Dietrich Bonhoeffer, 38 Jahre alt. Schon mit gut 20 Jahren hatte er als einer der hoffnungsvollsten jungen Theologen in Deutschland gegolten. Er stellte sich bewußt in den Dienst seiner Kirche, wurde Pfarrer in London, engagierte sich in der ökumenischen Bewegung, leitete danach das illegale Predigerseminar der Bekennenden Kirche in Finkenwalde und schloß sich mit Beginn des 2. Weltkrieges aktiv dem Widerstand gegen Hitler an, dessen Führertum und Antisemitismus er von Anfang an scharf kritisiert hatte. Seit mehr als 1 1/2 Jahre ist er nun inhaftiert, hin und hergerissen zwischen Hoffnungen auf baldige Entlassung und der Erwartung von Verurteilung und möglicherweise sogar Hinrichtung. Schon im Advent des Jahres 1943 hatte er sehnsüchtig gehofft freizukommen. Nun wird es zum 2. Mal Weihnachten. Inzwischen ist der Putsch gegen Hitler vom 20 Juli 1944 mißlungen. Viele der Gefährten sind hingerichtet; aus den anderen wird in den Verhören noch so viel herausgepreßt, wie man erreichen kann.

Wie hält man es in dieser Lage aus? Für Bonhoeffer ist es eine Situation, in der er seinen Glauben, sein Christsein in einer ganz neuen Tiefe und Herausforderung erfährt. Natürlich leidet er unter den Kränkungen, den Demütigungen,

denen er als Häftling, dazu noch als Häftling eines verbrecherischen Regimes, ausgesetzt ist. Aber er wird nicht wehleidig, sondern er ist für die anderen da, wo es nur geht. Er protestiert gegen Ungerechtigkeiten, die er und andere erleben. Er fertigt einen genauen Haftbericht an. Und er schreibt Gebete für seine Mitgefangenen, tröstet und ermutigt sie, wo er nur kann.
Eine große Hilfe sind ihm dabei seine Familie und seine Freunde, die immer wieder Vorstöße für ihn unternehmen, zeigen, daß er nicht vergessen ist, besonders seine Verlobte Maria von Wedemeyer, die mit ihren erst 20 Jahren immer wieder eine Sprecherlaubnis erkämpft, auch wenn das zunehmend schwieriger wird.
An sie schreibt Dietrich Bonhoeffer am 19. Dezember 1944 den Brief, in dem unser Gedicht von den "guten Mächten" erstmals steht.
Wen und was meint Bonhoeffer mit den **"guten Mächten"**? Am deutlichsten wird es, wenn wir den Brief lesen, den er dazu an seine Verlobte schreibt:

"Meine liebste Maria!
Ich bin so froh, daß ich Dir zu Weihnachten schreiben kann, und durch Dich auch die Eltern und Geschwister grüßen und Euch danken kann. Es werden sehr stille Tage in unsern Häusern sein. Aber ich habe immer wieder die Erfahrung gemacht, je stiller es um mich herum geworden ist, desto deutlicher habe ich die Verbindung mit Euch gespürt. Es ist, als ob die Seele in der Einsamkeit Organe ausbildet, die wir im Alltag kaum kennen. So habe ich mich noch keinen Augenblick allein und verlassen gefühlt. Du, die Eltern, Ihr alle, die Freunde und Schüler im Feld, Ihr seid mir immer ganz gegenwärtig. Eure Gebete und guten Gedanken, Bibelworte, längst vergangene Gespräche, Musikstücke, Bücher bekommen Leben und Wirklichkeit wie nie zuvor. Es ist ein großes, unsichtbares Reich, in dem man lebt und an dessen Realität man keinen Zweifel hat. Wenn es im alten Kinderlied heißt: 'zweie, die mich decken, zweie, die mich wecken', so ist diese Bewahrung am Abend und am Morgen durch gute unsichtbare Mächte etwas, was wir Erwachsenen heute nicht weniger brauchen als die Kinder." (Brautbriefe Zelle 92 Dietrich Bonhoeffer - Maria von Wedemeyer 1943-1945, hg.v. R.-A.v. Bismarck u. U. Kabitz. München/Beck 1992, 208)

Das also will Bonhoeffer sagen, wenn er von den "guten Mächten" spricht: Gott wirkt durch Menschen, die füreinander da sind. Er wirkt durch unsere Gebete, unsere guten Gedanken. Sie sind wie Engel, wie Boten, die von Gott kommen und durch die Gefängnismauern hindurchdringen können bis in die Einsamkeit einer dunklen Zelle.

Das ist der **erste wichtige Gedanke** den Bonhoeffer in unserem Lied weitergibt:
1. Gott wirkt durch unsere Gebete, unsere guten Gedanken.
Ihm schließen sich **zwei weitere Grundgedanken** an, die er in den weiteren Versen entfaltet:
2. Gott begleitet uns auf schweren Wegen, und
3. Gott stellt seine schützenden Mächte um uns.

Beginnen wir mit dem 1. Vers, in dem der erste dieser Gedanken entfaltet wird:
V. 1 *Von guten Mächten treu und still umgeben*
behütet und getröstet wunderbar,
so will ich diese Tage mit euch leben
und mit euch gehen in ein neues Jahr.
Wer von uns könnte nicht sagen, daß er nicht auch diese guten Mächte kennt, die uns treu und still umgeben und die mit uns durch das Jahr gehen: unsere Eltern, unsere Kinder, unsere Geschwister, unsere Freunde können es sein - aber auch der Arzt und die Krankenschwester, der Polizist oder der Lehrer. Trotz alles Schlechten und alles Bösen, was es unter Menschen gibt: Wenn wir recht hinschauen, können wir sagen: Schutzengel sind unter uns; - Menschen, die selbstverständlich und ohne Eigennutz zur Stelle sind, wenn wir Hilfe brauchen; Menschen, die uns mit ihren Gebeten und guten Gedanken begleiten und die nicht lange fragen, wenn sie von einer Not wissen. Und wie Bonhoeffer ihre greifbare Nähe auch spürt, wenn er einsam in der Zelle sitzt, so können sie bei uns auch Kranke spüren, die unruhig auf einer Isolierstation liegen, und Menschen, die nachts Stunde um Stunde mit Sorgen und Schmerzen wach liegen.

Diese Erfahrung ist die Klammer des ganzen, die Überschrift über das, was Bonhoeffer in den nächsten Versen schreibt, auch über das Schwere, das ihm vor Augen tritt. Mit ihr geht er in das neue Jahr, das Jahr 1945. Spricht er in der ersten Strophe von sich, so nimmt er all die, an die er denkt, jetzt mit hinein in seine Worte:
V. 2 *Noch will das alte unsre Herzen quälen*
noch drückt uns böser Tage schwere Last.
Wie viele quälende Stunden werden Bonhoeffer vor Augen getreten sein! Er hat die Maskerade des Bösen erlebt, den Zynismus, wie er an den Gefangenen ausgelebt wird, und trotz aller Gelassenheit, die er den Gefängniswärtern gegenüber zeigen kann, erlebt er sich doch auch, wie er selbst schreibt: "Unruhig, sehnsüchtig, krank, wie ein Vogel im Käfig, ringend nach Lebensatem, als würgte mir einer die Kehle, hungernd nach Farben, nach Blumen, nach Vogelstimmen, dürstend nach guten Worten, nach menschlicher Nähe, zitternd vor

Zorn über Willkür und kleinlichste Kränkung ..." (D. Bonhoeffer: Widerstand und Ergebung. Briefe und Aufzeichnungen aus der Haft, hg.v. E. Bethge. München/Hamburg 1964, 179)
Und ich denke, wir können es ihm nachempfinden, wenn wir auf manche Situation im vergangenen Jahr zurückblicken, wo wir uns selbst ohnmächtig, hilflos erfahren haben, dem Leiden von lieben Menschen zusehen mußten, oder auch Wut und Verzweiflung empfanden gegenüber dem Unrecht und Leid, dem unschuldige Menschen und besonders Kinder in so vielen Konflikten auf der Erde ausgesetzt sind.

Der Rückblick, so belastet er ist, verwandelt sich bei Bonhoeffer direkt in ein Gebet, einen Schrei nach Gott, wie ihn auch die Psalmbeter im Alten Testament oft ausgestoßen haben:
Ach, Herr, gib unsern aufgeschreckten Seelen
das Heil, für das Du uns geschaffen hast.
Das Gebet führt Bonhoeffer aus der Verzweiflung, aus der Lähmung heraus. Er streckt sich danach aus, das Heil, die Heilung zu erfahren, für die uns Gott bereitet hat. Er ist überzeugt davon, daß Gott mit uns ein gutes, ein heilvolles Ziel hat. Er schreibt einmal: "Ich glaube, daß Gott aus allem, auch aus dem Bösesten, Gutes entstehen lassen kann und will. Dafür braucht er Menschen, die sich alle Dinge zum Besten dienen lassen." (Widerstand und Ergebung 18)
Das ist ein großes, ein anspruchsvolles Wort. Aber es gibt uns eine Perspektive, die uns aus Resignation und Verzweiflung lösen will. Vielleicht wird es uns oft schwer, uns alle Dinge zum Besten dienen zu lassen. Aber wir können dann vielleicht auf Menschen blicken, an denen wir etwas davon erkennen können: die in einer Krankheit eine ganz besondere Tiefe und Reife des Lebens erreichen; die im Beistand für Behinderte, auch Schwerstbehinderte, zu wirklicher menschlicher Größe heranwachsen. Und Gott sucht sich dazu Menschen über alle Grenzen der Völker und Religionen hinweg aus, wie uns ein Mahatma Gandhi, ein Martin Luther King zeigen können.

Hier kommt der **2. Grundgedanke** zur Geltung, den wir uns mit unserem Lied vor Augen führen wollen: **Gott begleitet uns auf schwerem Wege.**

Bonhoeffer blickt im 3. Vers voraus. Er weiß noch nicht, was das Jahr 1945 für ihn bringen wird. Aber er muß mit dem Schlimmsten rechnen - mit unmenschlichen Verhören, mit Verurteilung, mit Hinrichtung. Und da schreibt er:
V. 3 *Und reichst du uns den schweren Kelch, den bittern*
des Leids, gefüllt bis an den höchsten Rand,

so nehmen wir ihn dankbar ohne Zittern
aus deiner guten und geliebten Hand.
Ich muß Ihnen sagen, daß es mir sehr schwer fällt, diesen Vers mitzusprechen und mitzusingen. Denn wer kann erwarten, dieses Vertrauen in Gott zu behalten, wenn er schlimmstes Leid erfahren muß?!
Von Bonhoeffer wissen wir, daß es ihm geschenkt wurde, dieses Vertrauen bis zuletzt durchzuhalten. Noch der Lagerarzt von Flossenbürg, wo Bon-hoeffer im April 1945 hingerichtet wurde, sagte, er habe noch nie einen Menschen so gottergeben sterben sehen.
Wir werden mit unserem Vers noch an eine andere Geschichte vom Leidenskelch erinnert, die Bonhoeffer sicher vor Augen gestanden und die ihn in seinem Vertrauen gestärkt hat: die Geschichte aus dem Garten Gethsemane, wo Jesus Gott bittet, den Kelch des Leidens an ihm vorübergehen zu lassen - und dann doch sagt: "doch nicht, was ich will, sondern was du willst!"
Das Leiden und Sterben Jesu zeigt, daß Gott sich selbst nicht fernhält von menschlichem Leid, menschlicher Schuld und menschlicher Ausweglosigkeit. "Gott geht zu allen Menschen in ihrer Not", so drückt es Dietrich Bonhoeffer in einem anderen Gedicht aus (Widerstand und Ergebung 182): Er stirbt **für alle** den Kreuzestod. Gott, der in Jesus "der Mensch für andere" ist, ist es, der Bonhoeffer in seiner schweren Situation diesen Vers dichten läßt. Er schreibt dazu an einer Stelle: "Ich glaube, daß Gott uns in jeder Notlage soviel Widerstandskraft geben will, wie wir brauchen. Aber er gibt sie nicht im voraus, damit wir uns nicht auf uns selbst, sondern allein auf ihn verlassen." (Widerstand und Ergebung 18).

Kann das nicht auch mancher unter uns bestätigen? Da gibt es Notsituationen, die wir uns vorher gar nicht vorstellen können, und in denen uns dann doch auf einmal Vertrauens- und Hoffnungskräfte zuwachsen, die wir gar nicht für möglich gehalten haben, wo wir spüren dürfen, wie Gott den schweren Weg mit uns geht und uns trägt.

Und dann kann Bonhoeffer in der 4. Strophe doch auch noch einmal von einem ganz irdischen neuen Morgen sprechen, von der Möglichkeit, frei zu werden und das Leben neu zu erfahren:
V. 4 *Doch willst du uns noch einmal Freude schenken*
an dieser Welt und ihrer Sonne Glanz,
dann wolln wir des Vergangenen gedenken,
und dann gehört dir unser Leben ganz.
Man sieht, wie in der dunklen Zelle das Bild der Welt mir ihrer ganzen Helle

und Schönheit vor Bonhoeffer ersteht: ein Neuanfang nach Leiden, Schmerzen, Angst. Dabei werden die schweren wie die guten Erfahrungen nicht beiseite geschoben, sondern sie helfen, das Wesentliche im Leben zu erkennen. Wer wie Bonhoeffer dem Tod ins Auge geschaut hat, für den sind auf einmal viele Dinge, denen Menschen nachrennen, für die sie sich anstrengen, nicht mehr so wichtig: weder der schnelle Erfolg noch der schnelle Genuß, weder die Statussymbole des Wohlstands noch die vermeintlich perfekte Absicherung des Lebens - sondern der Weg des Füreinander-Daseins, wie ihn Jesus für uns und vor uns gelebt hat.

In seiner Betrachtung geht Bonhoeffer nun zu weihnachtlichen Bildern über:
V. 5 *Laß warm und still die Kerzen heute flammen,*
die du in unsre Dunkelheit gebracht,
führ, wenn es sein kann, wieder uns zusammen.
Wir wissen es, dein Licht scheint in der Nacht.
Wir können nicht davon ausgehen, daß Bonhoeffer Kerzen in seiner Zelle hatte. Und doch sieht er sie leuchten, spürt ihre Wärme, ihre Helligkeit. Er kann sie sehen, weil sie ihm in seinem Leben so oft begegnet sind, daß sie nun ganz tief in ihm selbst leuchten. Hier wird ein ganz wesentlicher Sinn unserer Advents- und Weihnachtszeit erkennbar: Je mehr wir uns dafür Zeit und Ruhe nehmen, die Lichter, die uns mit dem Kommen Jesu geschenkt sind, zu sehen und uns gegenseitig zu bringen, desto mehr sind wir gestärkt, auch durch dunkle Stunden hindurchgehen zu können und da Lichter wahrzunehmen, wo die Nacht ganz finster ist. Deshalb sind auch unsere Gottesdienste so wichtig als Möglichkeit, aus der geistlichen Kraft unseres Glaubens zu schöpfen, und ebenso die Lichter-, Lieder- und Erzählstunden, die wir mit unseren Kindern und Enkeln haben. Sie brauchen die Kraft des warmen Lichts, die Kraft der guten Gedanken für ihre Zukunft, für ihre Lebenswelt, als stille, warme Macht in allen Herausforderungen, Kämpfen und Aufgaben.

Natürlich ist für Bonhoeffer die Hoffnung da, die Lichter auch gerade mit seinen Lieben wieder zu sehen, die tiefen Erfahrungen seines Lebens mit ihnen zu teilen. Aber ob sich diese Hoffnung nun erfüllt oder nicht: Bonhoeffer ist erfüllt von der **3. Gewißtheit**, die aus seinen Versen spricht: **Gott stellt seine schützenden Mächte um uns.**
V. 6 *Wenn sich die Stille nun tief um uns breitet,*
so laß uns hören jenen vollen Klang
der Welt, die unsichtbar sich um uns weitet,
all deiner Kinder hohen Lobgesang.
Es ist schon wie ein Wunder: Die dunkle Zelle, in der Bonhoeffer sitzt, wird

zum Ort der Stille, der Einkehr, der Ruhe, der Meditation. Und da weichen auf einmal die engen Mauern. Unsichtbar weitet sich die Welt um ihn, ein Klangraum tut sich auf - großartiger als jeder noch so festliche Konzertsaal. Es erklingt ein einzigartiger ökumenischer Gesang all derer, die Gott in ihren verschiedenen Sprachen, Melodien, Rhythmen und Tänzen loben.

Können wir nicht vielleicht sagen, daß wir einen Abglanz dieses einzigartigen Konzertes in unserem neuen Gesangbuch haben - mit den neuen neben den alten Lieder, mit den ökumenischen neben den altvertrauten Weisen, mit den Kanons, den liturgischen Gesängen, den meditativen Melodien!? Je mehr wir sie hören, sie kennen, sie singen, umso mehr wird es auch in uns singen, wenn wir in einsamen Stunden das tröstliche Wort, den tröstlichen Klang brauchen, und wir können uns dann mit Bonhoeffer den Schlußvers sagen, der ihn durch seine letzten Monate und nach ihm schon so viele andere Menschen begleitet hat und der als Refrain in jeder Strophe der Melodie von Siegfried Fietz wiederkehrt:
Von guten Mächten wunderbar geborgen,
erwarten wir getrost, was kommen mag.
Gott ist mit uns am Abend und am Morgen
und ganz gewiß an jedem neuen Tag.
Amen.

Morgenglanz der Ewigkeit

450

1. Mor-gen-glanz der E-wig-keit, Licht vom un-er-schaff-nen Lich-te, schick uns die-se Mor-gen-zeit dei-ne Strah-len zu Ge-sich-te und ver-treib durch dei-ne Macht uns-re Nacht.

2. Deiner Güte Morgentau / fall auf unser matt Gewissen; / laß die dürre Lebens-Au / lauter süßen Trost genießen / und erquick uns, deine Schar, / immerdar.

3. Gib, daß deiner Liebe Glut / unsre kalten Werke töte, / und erweck uns Herz und Mut / bei entstandner Morgenröte, / daß wir, eh wir gar vergehn, / recht aufstehn.

4. Ach du Aufgang aus der Höh,* / gib, daß auch am Jüngsten Tage / unser Leib verklärt ersteh / und, entfernt von aller Plage, / sich auf jener Freudenbahn / freuen kann.   *Lukas 1,78

5. Leucht uns selbst in jener Welt, / du verklärte Gnadensonne; / führ uns durch das Tränenfeld / in das Land der süßen Wonne, / da die Lust, die uns erhöht, / nie vergeht.

Text: Christian Knorr von Rosenroth (1654) 1684, teilweise nach Martin Opitz 1634
Melodie: Johann Rudolf Ahle 1662, Halle 1708

Predigt am Sonntag, 9. Juli 1995
über das Lied
"Morgenglanz der Ewigkeit"
von Christian Knorr von Rosenroth (1654/84)
EG 450

Liebe Gemeinde! Als ich 1989 an der Weltkonferenz der Religionen für den Frieden in Melbourne/Australien teilnehmen konnte, hatte ich ein besonderes Erlebnis: Früh am Sonntagmorgen, dem 28. Januar, versammelten sich die 600 Teilnehmer der Konferenz - aus insgesamt 17 Religionen und allen Erdteilen - am Strand des südlichen Ozeans. Alle verrichteten die Morgenandacht in ihrer besonderen Tradition: Buddhistische Nonnen waren still in Meditation versunken, neben ihnen Hindus. Juden rezitierten leise in Hebräisch aus den Psalmen, Christen hatten in Andacht die Hände zum Gebet gefaltet. Als die Morgensonne langsam den Weg über das Wasser fand, stiegen zwei Angehörige der Jain-Religion aus Indien in ihren weißen Gewändern in die Fluten und verrichteten im Angesicht der Sonne ihr Morgengebet. - Ich selbst nahm mein kleines Horn und blies im Hintergrund zwischen den Bäumen den Choral "Morgenglanz der Ewigkeit". Pastor Achilles, lutherischer Geistlicher der deutschsprachigen Gemeinde in Melbourne, schrieb später: "Es lag ein Hauch von Ewigkeit über dieser Morgenstunde."
Warum wählte ich damals dieses Lied? Es kam mir spontan in den Sinn, weil es für mich einfach zu einem festlichen Sonntagmorgen gehört. Wie oft haben wir es im evangelischen Pfarrhaus meiner Eltern gesungen! Es gab dem neuen Tag, dem Feiertag, seinen ersten schönen Glanz.
Was ich damals in Melbourne noch nicht wußte: daß dieses Lied eines der meistübersetzten Lieder unseres Gesangbuches ist - in nicht weniger als 40 Sprachen: In England und Amerika wird es gesungen, aber auch in Hong Kong und auf den Philippinen!

Es muß also vielen Menschen in vielen verschiedenen Kulturen aus der Seele sprechen, muß ihre Sehnsucht nach Helligkeit, Licht und Leben aufnehmen, auch wenn ich es immer als ein sehr evangelisches Lied empfunden habe.

Eine "Morgenandacht" nennt es der Dichter, und eine Morgenandacht ist es wirklich in einem ganz tiefen, umfassenden Sinn. Die Bilder des neu anbrechenden Tages werden aufgenommen, aber sie weisen über sich hinaus:

V. 1 *Morgenglanz der Ewigkeit, Licht vom unerschaffnen Lichte,*
schick uns diese Morgenzeit deine Strahlen zu Gesichte
und vertreib durch deine Macht unsre Nacht.
Wir werden hineingestellt in den frühen Morgen, in die Stunde vor dem Sonnenaufgang: Die grauen Konturen nehmen langsam ab, ein erster Schein leuchtet über den Himmel; wir blicken in ein weit geöffnetes Tor hinein, in eine grenzenlose Helligkeit, die uns den Glanz der Ewigkeit ahnen läßt.
Wir verstehen, daß der Dichter bei diesem Bild vom *Licht vom unerschaffnen Lichte* sprechen kann - dem Licht, das schon vor unserer Weltzeit da ist. Im alten Gesangbuch hieß es "Licht vom unerschöpften Lichte" - und das finde ich eigentlich noch schöner, weil es den grenzenlosen Anfang wie das grenzenlose Ende meint, ein Licht, das sich nie erschöpft.
Dieser Schein - das sagt die 2. Zeile - soll sich in unseren Gesichtern spiegeln, soll unserem Angesicht Farbe, Wärme und Leben geben. Er soll - so sagt es der kurze Schlußreim - mit seiner Macht unsre Nacht vertreiben: die Nacht der Dunkelheit, die Nacht der Trauer, die Nacht alles Unheimlichen.

Für uns ist es Gott, der dieser Glanz ist, und mit ihm ist es Jesus Christus, den wir als das "unerschöpfte Licht" - das "Licht vom Licht", preisen, wie es im nizänischen Glaubensbekenntnis heißt.
Aber der Dichter gebraucht das Wort Gott in seinem ganzen Liede nicht. Er weiß, daß Gott größer ist als alle Worte, größer als alles, was wir uns vorstellen können, daß wir ihn letztlich nicht mit Namen und Begriffen beschreiben, sondern nur in Bildern ahnen können, die über unsere Wirklichkeit hinausweisen.

Wer ist der Dichter, der für sein evangelisches Lied so religionsübergreifende Bilder gebraucht? Es ist **Christian Knorr von Rosenroth**. Er hat nicht weit von hier gewirkt: in Sulzbach-Rosenberg. Dort war er - der evangelische Gelehrte - Kanzler des katholischen Pfalzgrafen Christian August. *
Damals hatte er schon einen bewegtes Leben hinter sich: In Schlesien geboren, bekam er als Kind noch die Nöte des 30jährigen Krieges zu spüren. Als er 6 Jahre alt war, mußte seine Familie Haus und Hof verlassen. Studieren konnte er in Schlesien nicht. Dazu mußte er in das evangelische Sachsen gehen.

---

* Wichtige Informationen und Anregungen zur Auslegung des Liedes habe ich dem Aufsatz von Prof. Dr. Bernhard Gajek/Regensburg entnommen: Geschichtlichkeit und Wirkung religiösen Dichtens. Zu Christian Knorr von Rosenroths Lied "Morgenandacht". Zeitwende/Die neue Furche 55, 1984/2, S. 103-117.

An der Universität Leipzig studierte er Theologie, Rechtswissenschaft, Geschichte, Philosophie, alte und neue Sprachen; bald wandte er sich der Dichtung zu. Nach seinem Studium reiste er durch Frankreich, England und die Niederlande. Die Niederlande waren damals Zufluchtsort für religiös Verfolgte aus vielen Ländern. Und so konnte Christian Knorr in Amsterdam bei einem im Exil lebenden armenischen Fürsten die orientalischen Sprachen lernen und bei einem jüdischen Oberrabiner Quellenschriften jüdischer mystischer Frömmigkeit studieren.

Diese Weite des Denkens, das Verbindende zwischen den Religionen und Kulturen, hat seinen weiteren Lebensweg bestimmt: Es kam ihm nicht darauf an, sich mit seiner Überzeugung von allem anderen zu unterscheiden, sondern das Gute, das Helle, das Förderliche aus allen Kulturen aufzunehmen. Genau in diesem Anliegen traf er sich mit dem Pfalzgrafen in Sulzbach, dessen Kanzler er wurde: geistige Offenheit, religiöse Duldsamkeit, Friede zwischen Juden und Christen und Eintracht unter den christlichen Kirchen wurden dort gepflegt - Tugenden, die wir heute immer noch an vielen Orten erst lernen müssen.

Und so atmet auch unser Morgenlied diesen weiten Geist. Es spricht in Bildern, die uns aus der Bibel vertraut sind, spiegelt aber das Empfinden aller Menschen, die - gleich in welcher Religion -von gläubigem Staunen und der Sehnsucht nach Hilfe und Heil erfüllt sind:

Güte - das ist das Thema der 2. Strophe; **Liebe** - das ist das Thema der 3. Strophe; **Erlösung** - das ist das Thema der 4. und 5. Strophe, und all dies sind Themen, die in jeder Religion ganz wichtig sind:

V. 2 *Deiner Güte Morgentau fall auf unser matt Gewissen;*
laß die dürre Lebens-Au lauter süßen Trost genießen
und erquick uns, deine Schar, immerdar.

Das Bild ist uns allen vertraut: wie nach einem heißen Tag, nach dem Dunkel der Nacht der Tau auf eine Wiese fallen kann. Dann atmet sie Frische, neue Lebenskraft aus. - Christian Knorr überträgt das auf unser Leben: Kann uns nicht oft genug unser Leben wie eine *dürre Lebens-Au* erscheinen? Da sind wir matt, überfordert, enttäuscht, mutlos, fühlen keine Kraft in uns - ein Gefühl, das nicht nur uns persönlich, sondern auch unsere Kirche, unsere Gemeinde befallen kann:

Da bemühen wir uns um ein attraktives Angebot in der Kirche - und dann kommt kaum ein Echo. - Da engagieren wir uns für Menschen in sozialer Not - und dann erhalten wir kaum Unterstützung. - Da suchen wir die Verständigung zwischen Menschen aus verschiedenen Völkern und Religionen - und dann können ein paar Fanatiker wieder Vertrauen und Freundschaft zerstören.

Christian Knorr weiß: Wenn wir nur auf unsere Anstrengung angewiesen sind, dann sind wir bald ausgelaugt. Wenn das Heil der Welt allein an unseren Kräften hängt, dann sind wir bald am Ende. Meist sind wir ja mit unseren guten Bemühungen nur eine kleine Schar, keine große Volksbewegung. - Wir brauchen Gottes Güte, Gottes Freundlichkeit wie einen erfrischenden Morgentau, damit wir erquickt, gestärkt, getröstet werden.

Ein solcher Morgentau: Das können die Wiesen und Blumen sein, Gottes Schöpfungswerke, wenn wir sie nur recht sehen und wahrnehmen. Ein solcher Morgentau: Das sind auch die Worte aus der heiligen Schrift, das können auch die Lieder sein, die wir singen.

Im 3. Vers führt Christian Knorr diesen Gedanken weiter mit einem ganz besonderen, ungewöhnlichen Bild:
V. 3 *Gib, daß deiner Liebe Glut unsre kalten Werke töte,*
und erweck uns Herz und Mut bei entstandner Morgenröte,
daß wir, eh wir gar vergehn, recht aufstehn.
Christian Knorr spricht hier einerseits von der heißen Liebe Gottes, andererseits von unseren kalten Werken.
Was sind die *kalten Werke*? Es sind die Taten, mit denen wir nur an uns selbst denken, um uns selbst kreisen. Es ist das, was wir nicht aus unserem Herzen heraus tun, sondern mit kalter Berechnung, Taten, die auf Kosten anderer gehen.
Gottes Liebesglut aber: Das ist seine Hinneigung, seine Hinwendung zu uns; seine Hingabe, bei der er nicht fragt, ob wir sie auch verdient haben.
Für unseren christlichen Glauben ist diese Liebe in Jesus zu uns gekommen. Von ihr erzählen die Geschichten in den Evangelien:
Da kommt Jesus eines Tages in die Stadt Jericho. Auf einem Baum sieht er Zachäus sitzen, den Oberzöllner, den Oberbetrüger. Er sieht nicht an ihm vorbei, er rechnet auch nicht mit ihm ab. Nein, er spricht ihn an, er durchbricht die Verachtung, die den Ausbeuter umgibt. Jesus macht Zachäus zu seinem Gastgeber, er kehrt in sein Haus ein. Und diese Zuwendung verwandelt Zachäus. Die kalten Werke haben keinen Platz mehr in seinem Herzen; aus dem Übeltäter wird ein Wohltäter. Er muß nicht mehr an seiner Bosheit zugrunde gehen; ihm sind Herz und Mut neu erweckt; er kann - wie es in unserem Vers heißt - *recht aufstehn* zu einem neuen Leben in Barmherzigkeit.
Die Glut der Liebe Gotttes: Sie wird am heißesten dort, wo sich Jesus selbst in die Kälte der Verachtung, der Verurteilung, des Kreuzes hineinstoßen läßt, wo er, der gemartert wird, seinen Feinden vergibt, wo er dem Verbrecher an seiner Seite das Himmelstor aufschließt, wo er Petrus, der ihn verleugnet hat, zu

seinem ersten Auferstehungsboten macht.

Als Christen leben wir von dieser Liebestat Gottes, können wir uns von ihr tragen, uns Herz und Mut erwecken lassen und Kraft schenken lassen gegen die Feindschaften, gegen die Todesmächte in dieser Welt, gegen die Kälte der Menschenverachtung.

Jesu Weg in unsere Niedrigkeit hinein, daß ist der Weg, der aus der Höhe Gottes herkommt und der uns mit emporziehen kann zu Gott.

Und darum geht es in den letzten beiden Strophen unseres Liedes:

V. 4 *Ach du Aufgang aus der Höh, gib, daß auch am Jüngsten Tage*
unser Leib verklärt ersteh und, entfernt von aller Plage,
sich auf jener Freudenbahn freuen kann.

V. 5 *Leucht uns selbst in jener Welt, du verklärte Gnadensonne;*
führ uns durch das Tränenfeld in das Land der süßen Wonne,
da die Lust, die uns erhöht, nie vergeht.

Es sind nicht Bilder unserer Zeit, die Christian Knorr hier vor uns erstehen läßt. Wer richtet bei uns schon seine Gedanken aufs Jenseits, auf einen Jüngsten Tag, auf ein ewiges Leben?

Erfüllt uns unser Diesseits nicht viel zu sehr mit seinen Ansprüchen, seinen Hoffnungen, seinen Erwartungen? Haben wir nicht eine gesunde Abneigung entwickelt gegen alle Vertröstungen auf ein Jenseits?

Ich denke, wir haben an den ersten Strophen unseres Liedes gemerkt, daß es hier nicht um Vertröstung gehen kann, um eine Aussteigen aus den Verpflichtungen, den Schwierigkeiten und den Notwendigkeiten, uns in unserem irdischen Leben für mehr Liebe, Güte und Gerechtigkeit einzusetzen.

Es geht bei diesen beiden letzten Strophen mehr um eine Verheißung, eine Perspektive, eine Hoffnung, die weit über unser begrenztes kurzes Leben hinausreichen. Von einer solchen Hoffnung sind alle Menschen getragen, die ihren Rückhalt in einem religiösen Glauben haben.

Um sie auszudrücken, wählt der Dichter wieder sehr sorgfältig seine Worte und Bilder: Er redet nicht in traditionellen Worten vom Himmel und vom Paradies, sondern von der Freudenbahn, von der verklärten Gnadensonne, von der Lust, die nie vergeht.

Er will die unbeschreibliche Seligkeit andeuten, nach der wir ausschauen können und in die alles Leid verwandelt wird - die nicht endende Plage, das Tränenfeld, durch das so viele auf dieser Welt gehen müssen.

Wären wir nicht schrecklich arm ohne eine solche Hoffnung? Müßten wir nicht verzweifeln über dem Elend, das immer wieder über unser Leben, über unsere Familien, über unsere Völker, über unseren Erdball hereinbrechen kann - trotz aller ärztlichen Kunst, trotz aller Friedensbemühungen, trotz alles Kampfes um Gerechtigkeit und die Bewahrung von Gottes Schöpfung? Was sagen wir sonst zu den Tränenfeldern von Krieg, Hunger, Verfolgung und Folter, was zu den Krankheiten und Schmerzen, die unser Leben - und besonders unser Lebensende - verdunkeln können?

Die Hoffnung, die Christian Knorr von Rosenroth in seinen letzten Strophen andeutet, will uns nicht herausnehmen aus unserem Leben, will auch all das Schöne an ihm nicht verächtlich machen, sondern will uns stärken, unserem irdischen Leben Rückhalt geben, Trost und Vertrauen: daß wir nicht alleingelassen, sondern gnädig geführt werden auf unserem Weg zu einem Ziel, in dem alle unsere irdischen Grenzen aufgehoben sind.

Das Bild von Rika Unger aus Münster auf der nächsten Seite zeigt etwas davon: Da fällt das Licht aus der Höhe herunter auf ein kleines Boot. Da wird das "Tränenfeld" dargestellt mit riesenhohen Wogen, die über unser Lebensschiff hinwegschlagen können, so daß wir nur noch die Brecher vor Augen haben.

Da ist Christus - der "Lotse" - in Gestalt des Kreuzes, der schon ganz vom Licht der Auferstehung umgeben ist und der das Boot sicher durch die Wogen lenkt - zu dem Ziel, das unseren Augen noch ganz verborgen ist, zu dem er uns aber unbeirrt geleitet.

Amen.

Rika Unger: **Lotse**

Zur Künstlerin *Rika Unger*

Rika Unger wurde in Stettin geboren. Ihre künstlerische Ausbildung erhielt sie an der Universität Münster/Westfalen, an der Academie Holland sowie in der Künstlerkolonie Darmstadt. Sie lebt und wirkt in Münster, hat aber durch viele Studienreisen - in die Bretagne, nach Italien, Holland und Frankreich und besonders nach Griechenland, Kreta und Malta - Einblick gewonnen in schöpferische Äußerungen von Menschen, die zurückreichen bis in die Jahrtausende vor Christi Geburt und sich fortsetzen bis zur Gegenwart.
Rika Ungers Weg ist immer ein Weg des Suchens, des Aufbruchs und des Entdeckens neuer Horizonte und Ausdrucksformen gewesen: beginnend mit figürlichen Plastiken - bald nach dem 2. Weltkrieg -, über Holzreliefs, Holzschnitte, Bronzen bis hin zu neu entwickelten Kunstformen wie "Leuchtplastiken" und "monorissen" (Arbeiten aus gerissenem Papier).
In diesem Band kann nur ein kleiner Ausschnitt aus diesem Werk gezeigt werden. Und doch wird an ihm deutlich, wie sich Rika Ungers künstlerische Arbeit mit der Botschaft der Lieder berührt und ihr in ganz eigener Weise begegnet. Insbesondere dies zeigen ihre Kunstwerke: was uns frei macht, was uns neuen Raum schenkt, der Weg vom Ich zum Du, aus der Dunkelheit ins Helle - und in der Mitte ist immer wieder das Kreuz, um das herum Licht aufstrahlt; in die Finsternis hinein bricht es sich Bahn. Rika Ungers Bilder holen uns ab bei unseren Fragen, bei tiefen Lebenserfahrungen; sie laden ein zur Besinnung, zum Mitempfinden und zum Wahrnehmen der Spuren Gottes in unserem Leben.

Weitere Kunstwerke von *Rika Unger* in diesem Buch:

Passions - Osterkreuz	S. 9
gekröntes haupt	S. 24
Engel ("Schutz")	S. 39
heilige nacht	S. 88
"Du und ich" - "Fußwaschung"	S. 99
aus der Dunkelheit ins Licht ("ein Blinder wird sehend")	S. 128

Mitglieder des Posaunenchors der Auferstehungskirche Nürnberg-Zerzabelshof

Helmut Hörlbacher (Trompete - Chorleiter)

Pfarrer Fridolin Förster (Posaune)

Dieter Gaber (Trompete)

Dr. Willi Gampert* (Trompete)

Arndt Glaubrecht* (Tuba)

Dr. Johannes Lähnemann (Waldhorn)

Susanne Lähnemann (Flügelhorn)

Werner Schmidbauer* (Trompete)

Eckehard Schmidt* (Trompete)

Günter Schuhmann (Bariton)

Norbert Schuhmann* (Trompete)

Werner Schuhmann (Trompete)

Hans Steinhäuser (Posaune)

Monika Völkel (Trompete)

Evi Weigand (Trompete)

Walter Wowerat (Trompete)

Friedrich Zöllner (Waldhorn)

* Auswärtige- und Gastbläser